Alcohol Traveler

발행인의 글

여행을 준비하며
Before Traveling

직접 경험해 보지 않아도 모든 것을 알 수 있는 시대라는 오만한 믿음이 팽배한 요즘, 무언가를 직접 겪은 경험이란 희소하고, 더욱 소중한 가치가 되어가고 있습니다. 더군다나 술과 여행, 이 두 가지는 직접 겪어보지 않고서야 그 진가를 도무지 알 수 없는 것들입니다.

그래서 저자를 지은이라고 표현하기보다는 겪은이라고 표현하고 싶습니다. 이 책의 저자는 많은 것을 직접 보았고, 들었으며, 겪었으니까요. 그리고 저는 감사하게도 그것을 엮었습니다.

저자가 맺은 귀중한 열매 같은 이 글들을 자칫 잘못 엮어, 짓무르는 일이 없기를 바라면서 조심스레 다루었습니다. 그렇게 저자는 겪은이가 되고, 발행인은 엮은이가 되어 이 책은 비로소 탄생했습니다.

그렇게 이 책을 엮으며 든 생각이 있습니다. 독자분들이 부디 단순히 활자를 읽는 행위가 아닌, 책 안에 살아있는 경험을 눈과 코와 입과 귀와 손으로 감각해 보겠다는, 한 권의 여행을 준비하는 설레는 마음으로 시작하면 좋겠다는 생각입니다. 그 마음 하나면, 맛있는 술을 찾아 떠나는 여정을 위한 준비는 충분합니다.

이제 한 문장, 두 문장, 차근차근 걸어가며 만끽하기만 하면 됩니다. 약간의 취기가 오를 수 있으니 주의하시어, 충만하고도 행복한 여행 되시기 바랍니다. 감사합니다.

여정
Journey

여행을 준비하며(발행인의 글)_4

여행을 시작하며(프롤로그)_8

작가 소개_12

U.S.A
더 네이키드 맨_16

Canada
아이스와인_26

Mexico
마르가리따_34

Cuba
아바나 클럽_44

Peru
쿠스케냐_52 피스코 사워_56

Argentina
우비타_68 빙하 온더락_76

Brazil
까이삐리냐_84

Spain
모리츠 오리지널_94

Morocco
카사블랑카_104

Egypt
사카라 골드_114

Zambia & Zimbabwe
모시 & 잠베지_122

Namibia
빈트후크 드래프트_132

Czech
다크 라거_142

Germany
옥토버페스트_152

Poland
필스바이저_162

Nepal
창_172

Taiwan
카발란 증류소_182

Mexico
떼낄라_192

Guatemala
론 자카파_202

Austrailia
샌달포드 와이너리_212 야라밸리의 와이너리들_220

New Zealand
홉온홉오프 와인 투어_228 와인 & 푸드 페스티벌_236

여행을 마치며(에필로그)_242

프롤로그

여행을 시작하며
As Our Travels Begin

경험을 기록한다는 것은 정말 가치 있는 일이다. 하지만 너무도 빠르게 지나가버리는 소중한 시간들 속에서 기록에 무한한 시간을 쏟아붓기란 쉽지 않다. 세계일주를 시작하기 전, 호기롭게 블로그를 개설해 여행 루트와 준비 과정부터 모든 여행의 순간을 블로그에 차곡차곡 쌓겠다고 다짐했다. 가벼운 태블릿 PC, 그리고 숫자를 더 빠르게 치기 위해 일부러 챙긴 풀타입 키보드까지 들고 간 것으로 의지의 표명은 확실히 했다고 생각한다. 하지만 여행을 시작하고 나니 예상치 못한 변수들이 쏟아졌다. 한국보다 느린 인터넷 환경 탓에 블로그에 글 하나 올리는 데만 서너 시간이 걸리기도 했고, 인터넷이 안 되는 곳에서는 휴대폰 메모장을 이용해 매일 기록하자 마음을 먹었지만, 하루하루 쌓이는 피로감은 눈꺼풀을 무겁게 짓눌렀다. 결국 '00시 기상 . . . 00시 잠듦' 같은 아주 단순한 기록만 겨우 남긴 날이 수두룩했다.

앞으로 펼쳐질 이야기의 대부분은 그 두루뭉술한 기록들 속에서 건져낸, 거의 십여 년 전의 일이다. 뒤늦게 이야기를 엮는 시간 동안 과거의 기록을 뒤적이며 기록의 소중함을 뼈저리게 느꼈다. 앞서 말한 기록의 부재로 크고 작은 좌절들을 겪었지만, 너무나 새롭고 강렬한 경험들의 연속인 여행이었기에 짧은 기록을 보완해 줄 생생한 기억들이 남아있어 다행히 이야기를 마무리 지을 수 있었다. 그렇게 늦게 쓰인 기록은 세계일주 중 마주하게 되는 알코올을 마다하지 않던 20대 여행자와 십여 년 뒤 그 장면을 차분히 글로 붙잡으려는 30대 기록자의 합작품이 되어 당시의 생생한 순간과 지금의 차분한 시선이 이 책에 가지런히 담겼다. 오래 전의 경험이라 해서 낡아버린 이야기라 생각하지 않는다. 시간이 지나며 더욱 풍미가 깊어지는 술의 맛처럼, 이 경험의 기록 역시 십여 년의 숙성을 거쳤다고 생각한다. 숙성을 통해 진득해진 이 이야기가 증발(Angel's Share) 없이 당신에게 그대로 가 닿았으면 좋겠다.

이 책은 무겁지 않다. 이 책을 통해 당신에게 거창한 교훈이나 엄청난 지식을 전해주려는 의도는 없다. 다만 여행자이자 기록자가 남긴 알코올 트래블의 진한 장면들이 당신을 잠시라도 낯선 여행지의 풍경을 떠올릴 수 있게 만든다면 그것으로 충분하다. 내가 차분히 소환해 낸 기억의 장면들이 당신의 여행 속 어느 낯선 해변가에서 마시는 한 잔의 칵테일에 곁들여져 그 여행의 여운이 조금이라도 짙게 남겨질 수 있기를. 여행을 떠나기 어려운 상황이라면, 이 여행기를 통해 과거에 당신이 마주했던 낯선 술에 대한 기억을 꺼내어볼 수 있는 순간을 만끽하길 바란다.

작가 소개

류리비

3주짜리 미국 여행을 계획한 것이 300+일 세계일주로 바뀌어 버려 약 15개월 동안 여행자의 삶을 살았다.

그 여행이 삶의 전반적인 모습을 바꾸어, 전공을 버리고 '하고 싶은 일을 하며 사는 삶'을 위해 몇 번이고 지름길이 아닌 우회로를 택하고 있다.

삶이라는 하나의 여행지에서 '사업'이라는 액티비티를 고통스럽게 즐기는 중.

마지막 액티비티, '자유로운 이방인'을 경험하기 위해 앞으로도 열심히 골목골목을 헤멜 것이다.

일러두기

이 책에 실린 외국어 표기는 저자가 여행 중 직접 들었던 원어의 발음에 가깝게 표기하였습니다.

일부 고유명사는 국립국어원의 외래어 표기법을 따랐습니다.

1. U.S.A

1. 미국

• *The Naked Man*

40°45'53.5"N 73°58'58.7"W

• 더 네이키드 맨

U.S.A

The Naked Man

더 네이키드 맨

(칵테일)

베이스 l 라이 위스키
Alc l 10–15%

40°45'53.5"N 73°58'58.7"W

칵테일로 만난 뉴욕의 친구들

영어회화 공부에 적합한 캐주얼 드라마를 찾다 발견해 낸 〈HIMYM (How I Met Your Mother)〉. 12년의 교육 과정을 거치고도 입에 착 달라붙지 않던 영어와 끈질기게 가까워지고자 선택한 미국 드라마였다. 이 드라마는 제목 그대로 주인공 테드 모스비가 2030년 미래 자신의 자녀들에게 '어떻게 엄마를 만나게 되었는지' 그 과정을 이야기해 주며 2000~2010년대 뉴욕을 배경으로 미혼의 테드를 포함한 5명의 남녀가 살아가는 이야기를 무려 9개의 시즌, 208개의 에피소드로 담아낸, 어떻게 보면 미드 〈프렌즈〉의 업데이트 버전이라고 볼 수 있다. 사실 첫 화부터 따분해 다른 드라마를 찾을까 고민했지만, 회화 공부를 목표로 인내심을 가지고 2화, 3화를 연달아 시청하다 보니 어느새 전체 시즌 모든 에피소드를 4바퀴째 돌아버린, 가장 좋아하는 미국 드라마 시리즈가 되었다. 그리고 뉴욕에서 보낸 축제의 밤, 이 드라마 속 주인공들을 맨하탄의 어느 바에서 '칵테일'로 만나볼 수 있었다.

'뉴욕 할로윈 퍼레이드 참여하기', 세계일주 버킷리스트 중 하나였다. 퍼레이드 참여를 위해 뉴욕에 도착하기 전 캐나다에서부터 코스튬을 어떻게 할지 고심해 오다 할로윈 전날 밤 뉴욕에 도착했다. 드디어 다가온 할로윈 퍼레이드 디데이. 나름 비장하게 피눈물 흘리는 고양이 분장을 완성하고는 10월 31일 해질녘, 6번가 남쪽 끝에서부터 다양한 할로윈 코스튬을 입은 인파 속에 묻혀 울리는 북소리에 함께 발을 맞추며 춤추고 걸었다. 6번가의 도로를 따라 한참 올라가다 출출해질 즈음, 숙소 같은 방 메이트들과 함께 버스를 타고 올라가 도착한 곳은 55번가에 위치한 아이리쉬 펍, Mcgee's Pub이었다.

맨하탄의 어퍼웨스트사이드^{Upper West Side}에 위치한 이 아이리쉬 펍은 〈HIMYM〉의 주요 배경지(드라마 속 맨하탄 반지하 층에 위치한 주인공들의 단골

The Naked Man

Mcgee's Pub의 간판

모임 장소인 '맥 라렌 바')의 모티브가 된 곳이다. 이곳에서는 〈HIMYM〉의 유명 에피소드의 이름을 붙인 칵테일들을 마셔볼 수 있다. HIMYM 팬으로서 'McGee's Pub에서 HIMYM 칵테일 마시기'는 뉴욕에서 꼭 해보고 싶은 또 하나의 버킷리스트였기에, 들뜬 마음으로 바에 들어섰다. 문을 열자마자 눈에 들어온 것은 바 벽면 곳곳에 걸린 미드 주인공들의 사진과 드라마 스틸컷이었다. 이 낯선 도시에서 아는(?) 얼굴들을 마주하니 괜히 더 반가운 마음이 들었다. 2층에 자리를 잡고 직원으로부터 메뉴판 더미를 건네받은 뒤, 나는 그중에서도 HIMYM 칵테일 메뉴판을 제일 먼저 집어 들었다. 메뉴판 속에는 장면이 바로 떠올려질 만한 에피소드의 제목들이 칵테일 이름이 되어 적혀 있었고, 흥미롭게 그 이름들을 훑으며 머릿속으로 스쳐 지나가는 여러 에피소드 중 'BEST 3'를 골라 주문했다.

    내가 주문했던 칵테일은 할로윈 데이에 벌어진 이야기를 그린 에피소드인 'Slutty Pumpkin'이었다. 그러나 서빙된 건 의외의 칵테일, 투명한 연갈색 빛을 띤 'The Naked Man'이었다. 정신없는 할

칵테일 'The Naked Man'

로윈 나잇이라 주문이 잘못 들어간 듯했지만, 오히려 더 재미있었다. 'The Naked Man' 에피소드를 간략히 소개하자면, 첫 데이트가 잘 풀리지 않을 때 마지막 승부수로 옷을 홀딱 벗고 상대를 기다린다는 다소 황당한 연애 전략을 다룬, 아슬아슬하고도 유쾌한 이야기다. 돌이켜보니 맑은 연갈색의 술빛이 마치 '네이키드한' 피부색을 연상시키는 듯해서 웃음이 나왔다.

내가 마신 칵테일을 비롯, 주인공 테드가 만취 후 깨어났을 때 같은 침대에 누워 있던 정체 모를 여자와 의문의 파인애플에 대한 에피소드를 담은 'The Pineapple Incident'는 파인애플 주스의 달콤함과 알싸한 스파이스 럼의 예상치 못한 조합을

U.S.A

통해 이야기 속 테드처럼 마시는 사람을 당황하도록 유도한 듯했고, 여주인공 로빈이 과거 캐나다 탑스타 아이돌이었다는 사실이 폭로되는 에피소드를 담은 'Robin Sparkles(로빈의 가수 활동명)'는 주인공 중 유일하게 캐나다 사람이었던 로빈의 정체성을 담기 위해 캐네디언 위스키가 들어간 데다 상큼한 크랜베리 주스로 아이돌 스타의 반짝이던 시절을 표현한 것만 같았다. 모두 칵테일의 맛과 빛깔로 에피소드의 특징을 표현하려 한 의도가 보여 맛보는 재미에 보는 재미까지 더해졌다.

왼쪽부터 'The Naked Man', 'The Pineapple Incident', 'Robin Sparkles'

40°45'53.5"N 73°58'58.7"W

피눈물 흘리는 고양이 분장을 한 채 내적 친밀감 가득한 미국인들을 한 잔의 술로 만난 그날 밤, 나는 여행 중 버킷리스트 두 가지를 동시에 달성했다.

그날 밤의 술은 그저 단순한 술이 아니었다. 드라마 속 이야기를 현실에서, 또 현지에서 마주하는 또 다른 차원의 여행이었다. 영어 공부는 여전히 끝나지 않았지만, 최애 해외 드라마를 현지 한복판에서 한 잔의 칵테일로 마셔보는 경험은 그 어떤 학습법보다 생생하게 기억에 남았다. 내가 사랑한 이야기를 그 이야기가 탄생한 땅에서 다시 만나는 것- 이 또한 여행의 한 방식이 아닐까 싶다.

나는 알코올 트래블러들에게 권하고 싶다. 내가 좋아하던 영화, 드라마, 책(이 책 포함) 속의 술을 찾아 여행을 떠나보라고. 그 술은 분명 그곳에서 당신을 기다리고 있을 테니.

2. Canada

2. 캐나다

• *Ice Wine*

46°48'38.1"N 71°12'54.5"W

• 아이스와인

Canada

Ice Wine
아이스와인

와인

타입 l 화이트 아이스와인

Alc l 11%

46°48'38.1"N 71°12'54.5"W

Ice Wine

와인을 얼린 건 아니고

이름만 듣고는 와인을 얼린 건가 싶었다. 아이스와인을 처음 알게 된 건 캐나다 동부 주요 도시를 여행하는 가이드 투어에서였다. 2박 3일 투어 둘째 날 밤, 숙소 방을 배정해 주고는 한 병씩 쥐어주신 얄쌍한 와인 한 병. 그날 나는 아이스와인이라는 술의 존재와 아이스와인(Ice wine)이 '얼린 와인(Iced wine)'이 아니라는, 지금 생각해 보면 당연한 사실을 동시에 알게 되었다.

시카고에서 출발해 디트로이트, 미국과 캐나다의 국경까지 약 14시간 동안 도로 위를 달려 세상 꼬질한 모습으로 캐나다 동부 최대 도시, 토론토 Toronto에 도착했다. 미 서부 로드트립을 함께 한 동행과 재회해 하룻밤을 보낸 뒤, 다음 날 새벽 일찍 캐나다 동부 투어 버스에 올랐다. 캐나다 동부 투어는 보통 토론토에서 출발해 더 동쪽에 위치한 오타와,

Canada

몬트리올, 퀘벡까지 3개의 도시를 여행한 뒤 다시 토론토로 복귀하며 마무리되는 여정이다.

 토론토와 같은 온타리오주에 있는 천섬Thousand Islands과 오타와 시내 투어를 마치고 퀘벡주로 넘어왔다. 가이드님은 캐나다 동부 지역에서 수확한 포도로 만드는 아이스와인이 유명하다며 각 방마다 한 병씩 아이스와인을 나누어주었고, 우리는 퀘벡의 아름다운 야경을 배경 삼아 캐나다 대표 간식인 *푸틴Poutine과 함께 달달한 아이스와인을 한 잔씩 들이켰다.

아이스 와인과 푸틴을 올린 퀘백 어느 호텔에서의 술상

Ice Wine

퀘벡의 아름다운 야경을 담은 아이스와인

* 감자튀김 위에 브라운 그레이비 소스와 치즈 커드를 곁들인 캐나다 국민 간식

사실 아이스와인은 독일의 아이스바인(Eiswein)이 그 시작이다. 그러나 독일과 오스트리아 등지에서는 아이스와인을 생산하기 위한 언 포도를 수확하기에 기후가 완벽하지 않아 생산량이 많지 않고, 그만큼 가격도 보통의 와인보다 훨씬 비싸 고급 와인으로 여겨진다. 반면 캐나다는 언 포도를 수확하기에 적합한 토양 및 기후를 가지고 있어 유럽에 비해 생산량이 훨씬 많기 때문에 가격이 합리적이면서도 절대 뒤처지지 않는 품질로 전 세계 아이스와인 수출의 대부분이 캐나다산으로 이루어지고 있다. 소고기 스테이크, 바닷가재, 메이플 시럽에 이어 캐나다의 4대 음식에까지 이름을 올린 이 와인은, 그야말로 캐나다의 국민 와인이라고 보아도 무방하다.

아이스와인은 캐나다 동부, 특히 토론토와 오타와가 있는 온타리오 주의 엄청난 추위 속에 자연스럽게 얼어붙은 포도를 수확해 만들어진다. 정확히 말하면 포도알 속 수분만 얼고, 당분은 그대로 응축되어 당도가 풍부해지는, 영하 6~8도의 시점에 수확하는 것이다. 이 포도에서 정교히 세팅된 강도로 응축된 당분만을 짜내어 만들어지는, 기후와 기술이 완벽히 어우러져야만 탄생할 수 있는 희소한 와인이라 할 수 있다. 게다가 보통의 와인 6~7병을 만들어낼 포도의 양으로는 단 375ml 용량 한 병만 생산될 만큼, 추출되는 당분(Juice)의 양도 매우 적다. 이 사실만 놓고 보아도 아이스와인의 병이 왜 그렇게 얇고 길쭉한 것인지 납득이 갈 수밖에 없다. 보통의 와인처럼 750ml 병에 담으려면 그만큼 엄청난 양의 포도가 필요해 가격적인 면에서 소비자들이 감당하기 어려워질 테니 말이다.

    토양, 기후, 압착 기술의 모든 박자가 맞아야만 만들어지는 이 희소하고 귀한 와인을, 포도가 나고 자라 얼어붙는 바로 그 땅에서 맛보는 기쁨은 각별하다. 아이스와인에 무지했던 당시에는 그저 달달한 디저트 와인으로 가볍게 홀짝홀짝 들이켰지만, 당시보다 와인에 대해 조금 더 알게 된 지금의 내가 다시 그곳에 가게 된다면, 압착된 포도의 당분을 한 모금 한 모금 소중히 머금으며 보다 묵직하게 그 풍미를 음미하고 싶다.

3. *Mexico*

3. 멕시코

• *Margarita*

21°15'18.2"N 86°44'46.6"W

• 마르가리따

Mexico

Margarita

마르가리따

(칵테일)

베이스 | 떼낄라
Alc | 25~30%

21°15'18.2"N 86°44'46.6"W

Margarita

여인의 섬 아웃티켓

칸쿤으로 돌아가는 항구의 바에서 받아 든 또 다른 아웃티켓이었다. 그것은 하루 종일 섬 한 바퀴를 돌며 들이마신 바다의 짠내처럼 짭조름하고, 습기 가득한 공기처럼 진득했으며, 멕시코가 가진 여러 빛깔의 컬러처럼 다채로운 맛을 담고 있었다. 오늘 하루의 여행을 일기처럼 기록해 입으로 저장하듯 털어 넘긴 이 술은 바닷바람에 피로해진 몸에 취기를 빠르게 불어넣었고, 칸쿤으로 돌아가는 길을 부드럽게 페이드 아웃 시켜주었다.

우리말로 직역하면 '여인들의 섬'인 이슬라 무헤레스Isla Mujeres는 칸쿤Cancun에서 북동쪽으로 13km 정도 떨어져 캐리비안 해 위에 떠 있는 폭 1km, 상하 길이 8km 정도의 작은 섬이다. 골프카를 이용하면 2~3시간 안에 섬 한 바퀴를 둘러볼 수 있는 정도

여서, 대부분의 관광객들은 가벼운 짐만 들고 입도해 하루 안에 섬을 다 돌아보고 칸쿤으로 돌아가는 편이다. 그래서 느지막이 숙소에서 나와 배에 올라탔다. 너무 느긋했던 걸까, 오후 2시가 넘어서야 이슬라 무헤레스에 발을 들인 나는 모든 여행객이 빌려가고 단 하나 남은 골프카를 가까스로 빌릴 수 있었다. 반납 마감 시간까지 남은 시간은 약 2시간 반 정도. 속도를 내어가며 홀로 여인의 섬 드라이브를 시작했다. 섬의 최북단에 위치한 쁠라야 노르떼$^{Playa\ norte}$에 잠시 정차해 새파란 카리브해에 발도 담가보고, 남쪽 끝 마야 신전 앞에선 달달한 *마르케시따^{Marquesita}로 당 충전도 하고, 언덕 위에 세워진 성모 과달루페 성당도 돌아보며 한정된 시간을 알차게 즐겼다. 반납 마감 시간에 맞춰 서둘러 골프카 반납을 하고 나오니, 서서히 블루 아워가 다가오고 있었다. 그렇게 퀘스트와도 같던 여정을 마치고 돌아온 여객선 터미널. 출발까지 40여 분 남은 칸쿤행 배를 기

* 바나나 슬라이스와 누텔라 초콜릿을 얇게 편 과자반죽 위에 올려 돌돌 말아낸 '겉바속촉' 멕시코 간식

다리며 터미널 안 작은 바에 들렀고, 그곳에서 여인의 섬 완주를 기념하는 칵테일 한 잔을 만났다. 그 술의 이름은 '마르가리따'였다.

칸쿤으로 돌아가기 전, 바다를 보며 즐겼던 마르가리따

누군가의 말에 따르면, 마르가리따는 마치 사랑과 같아 그 기원을 정확히 알 수 없다. 1940년대 미국의 한 바텐더가 총기 오발 사고로 숨진 여자친구를 그리워하며 만들었다거나, 한 호텔 지배인이 어떤 음식이든 소금을 넣어 먹길 좋아하던 자신의 여자친구를 위해 소금 묻힌 칵테일을 고안했다거나, 어떤 멕시코의 유명인사가 해변 파티에서 애인의 이름을 딴 칵테일을 만들어냈다는 등의 여러 설이 떠돌았지만, 공통적으로 그 이야기들 속에는 '여인'이라는 키워드가 자리 잡고 있었다. 떼낄라에 라임 주스, 그리고 *트리플 섹(Triple Sec) 등을 조합하여 만들어진 마르가리따는 재료가 다소 단순할 수 있다. 하지만 얼음을 통째로 넣거나 부수거나, 오렌지맛 대신 원하는 맛의 리큐르를 넣거나, 림에 소금을 묻히거나 생략하는 등 기존 재료들을 자유롭게 변형 또는 대체함으로써 커스터마이징이 가능하기 때문에 더욱 매력적인 칵테일이기도 하다. 이런 자유로움에 더해 맛 또한 상큼함과 달달함, 그 안에 묵직하게 들어오는 도수 높은 떼낄라와 리큐르의 알코올까지 한 모금에 모두 느껴볼 수 있는 다채로움까지 더하니, 한 모금 두 모금 홀짝이다 보면 정신을 놓을 정도로 매력적인 '여인'을 본떠 만든 칵테일임이 분명했다. 다채로운 색상과 자유로운 개성을 가진 멕시코라는 나라 자체를 투영하는 것도 같았다.

*   칵테일에 단 맛과 향을 내기 위해 넣는 오렌지향 리큐르

Margarita

　단숨에 취기를 불러오던 그 맛은, 짧았던 여인의 섬 여행의 아쉬움을 '여인의 칵테일'로 달래며 떠나보내려 했던 것 같다. 그날의 한 잔은 섬을 떠나는 아웃티켓임과 동시에, 다시 돌아올 이유를 남겨준 초대장이기도 했다. 짧은 여행이 남긴 아쉬움과 마지막 한 잔에 대한 그리움이 결국 몇 년 뒤 또다시 나를 이 섬으로 이끌었으니 말이다.

여인의 섬에서 볼 수 있는 여인상

골프카를 타고 2~3시간이면 둘러볼 수 있는 여인의 섬. 완주 후에는 카리브해의 멋진 풍광을 안주 삼아 마르가리따 한 잔을 마셔보길 권한다.

21°15'18.2"N 86°44'46.6"W

여인의 섬 지도

4. Cuba

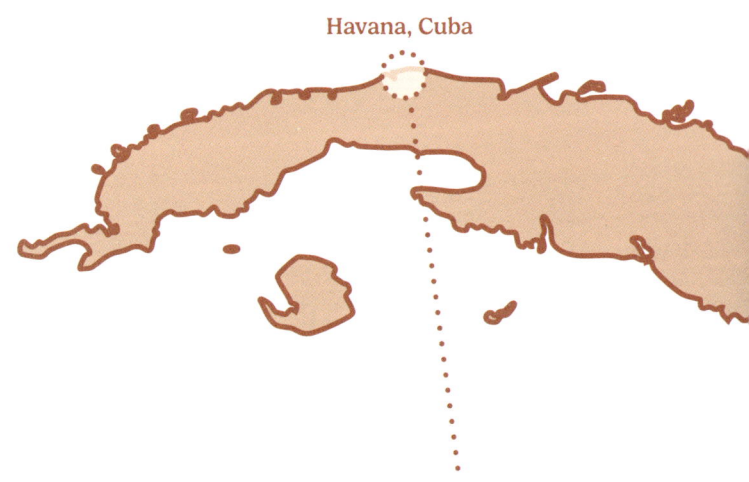

Havana, Cuba

23°08'11.8"N 82°21'37.3"W

4. 쿠바

• *Havana Club*

• 아바나 클럽

Cuba

Havana Club

아바나 클럽

(럼)

브랜드 | 아바나 클럽
종류 | 아녜호 에스페샬 / Añejo Especial
Alc | 40%

23°08'11.8"N 82°21'37.3"W

해가 지면 '그 곳'에서 만나요

인터넷이 당연하지 않은 세상. 쿠바의 수도 아바나의 태양이 지고 어둠이 내려앉으면 여행자들은 약속이나 한 듯 어느 *까사^{Casa}의 거실 공간으로 슬금슬금 모여든다. 두 발에는 가벼운 슬리퍼를 질질 끌고, 한 손에는 금빛 알코올이 찬란하게 빛나는 병을 들고.

인터넷 개발이 제한된 사회주의 국가, 쿠바로 향하는 길은 마치 미지의 세계로 진입하는 느낌이었다. 미리 준비해 둔 것은 쿠바를 들어가고 나가는 비행기 티켓뿐. 여행 정보는 도심의 어느 한 숙소에서 모두 얻을 수 있으니 걱정 말라는 다른 여행자들의 귀띔만을 믿고, 나는 멕시코 칸쿤에서 카리브해를 건너 미지의 섬나라로 무작정 넘어갔다. 같은 비행기에 탑승했을 뿐, 초면인 한국인들과 함께 택시를 셰어해 도착한

---

*   스페인어로 '집'을 뜻하는 명사, 보통 가정형 숙소를 가리킬 때 숙소명 앞에 붙인다.

Cuba

*까삐똘리오^(Capitolio Nacional de Cuba). 이 까삐똘리오 바로 옆으로 난 길 위에 그 '모든 정보가 있다'는 숙소, 까사 호아끼나^(Casa Joaquina)가 있었다. 까사 호아끼나는 숙박객은 물론, 다른 숙소에 머무는 한국 여행자들에게도 열려 있는 사랑방이 되어주었다. 나 또한 그곳에 묵는 손님이 아니었음에도 호아끼나 덕분에 당장 묵을 숙소를 정할 수 있었다. 연락이 자유롭지 않은 이 나라에서 여행자들이 다른 숙소에 묵는 여행자들과 연락을 하기 위해서는 헤어지기 전 미리 약속을 정해두거나, 연결 코드가 적힌 인터넷 카드를 구입해 와이파이 사용이 가능한 곳에 가야만 했다. 당시 인터넷을 이용할 수 있는 장소는 단 세 곳(까삐똘리오 인근의 잉글라떼라^(Inglaterra) 호텔과 센트럴 파크, 그리고 '와이파이 공원'이라 불리는 작은 광장 페 델 바예^(Fe del Valle)) 뿐이었다. 하지만 굳이 약속을 하지 않아도 자연스레 여행자들을 만날 수 있는 유일한 시간과 장소가 있었으니, 바로 '해 진 뒤의 호아끼나'였다. 매일 밤이 되면 숙박객이든 아니든 2층 라

---

*   쿠바 아바나의 랜드마크로, 국회의사당으로써 지어졌다. 약 10년 간의 대규모 복원 공사를 마쳤으며, 현재는 가이드 투어를 통해 내부를 둘러볼 수 있다.

23°08'11.8"N 82°21'37.3"W

운지에서 열쇠를 1층으로 떨어뜨려 모든 여행자들에게 현관문을 열 수 있게 해 주었고, 여행자들은 각자 들고 온 쿠바 대표 럼, 아바나 클럽을 나눠 마시며 눈 맞춤의 밤을 보냈다. 잠시 머무르다 떠나는 여행자에게도 아바나 클럽은 단순한 술이 아닌, 쿠바에서의 삶 그 자체처럼 느껴졌다. 쿠바에 처음 도착한 날 저녁 호아끼나의 거실 테이블 위에서 영롱하게 빛나던 아바나 클럽을 처

호아끼나의 거실 테이블 위 아바나 클럽

음 마주한 순간부터, 쿠바를 떠나는 날 공항에서 압도적인 크기로 벽면을 장식하고 있던 아바나 클럽 광고 포스터를 올려다보며 속으로 '¡Adiós!(안녕!)'를 외쳤던

마지막 순간까지. 쿠바를 떠올릴 때마다 아직도 눈에 생생히 그려질 정도로 이 나라를 여행하는 모든 순간에는 항상 이 알코올이 자리하고 있었다.

    사회주의 체제의 굴곡진 역사 속에도 굳건히 자신의 자리를 지켜온 아바나 클럽은 1934년 쿠바의 어느 작은 항구도시에서 아레차발라 Jose Arechabala 가문에 의해 처음 만들어졌다. 하지만 1959년 쿠바 혁명 이후, 브랜드가 정부의 소유로 국유화되면서 아바나 클럽을 탄생시킨 아레차발라 가문은 미국으로 망명을 떠났고, 이후 쿠바 정부는 프랑스의 거대 주류 기업 페르노리카와 손을 잡고 지금까지 브랜드의 명맥을 이어오고 있다. 아바나 클럽이라는 럼의 입장에서 보면, 자신을 탄생시킨 주인은 멀리 떠나버리고 폐쇄적인 체제 아래에서 낯선 손에 의해 키워지게 됐지만, 그럼에도 태어난 그 자리에서 오리지널리티를 잃지 않고 굳건하게 성장해 왔다. 그렇게 본토에서 씩씩하게 자라온 이 럼은, 때로는 오늘도 무탈히 잘 보냈다는 안도의 한 잔으로, 때로는 삶의 고통을 잠시나마 잊도록 돕는 위로의 한 잔으로 쿠바인들의 곁을 지켜오고 있는지도 모르겠다.

23°08'11.8"N 82°21'37.3"W

우리가 일상에서 당연하게 누려온 많은 것들이 부재한 이 나라를 여행한다는 것은 어쩌면 시간과 돈을 들여 불편함을 사들이는 일일지도 모른다. 하지만 쿠바 아바나에서 보낸 여러 날은 그 부재가 가져온 불편함 덕분에, 더 깊고 진한 사람 냄새를 맡을 수 있었던 소통의 시간들로 각인되었다. 사람들과 마주 앉아 서로의 눈을 바라보며 나눈 밤의 대화들은 온라인 세상에서는 얻기 힘든 깊은 교감을 선물했고, 그 눈 맞춤의 자리에는 언제나 아바나 클럽이 묵묵히 함께했다. 쿠바라는 나라의 매력을 더욱 진하게 새겨준 이 럼주는 시간이 많이 흐른 지금까지도 달큰한 향을 풍기며 내 기억 속 한 자리를 굳건히 지키고 있다.

하바나 클럽과 아바나 클럽

아레차발라 가문이 미국으로 망명하면서, 하바나 클럽의 상표를 페루 출신의 미국 주류 기업이 바카디에 팔았다. 이로 인해 미국에서는 바카디와 페르노리카가 상표권 분쟁으로 오랜 소송을 벌이고 있고, 현재 미국에서는 쿠바산이 아닌 미국령 '푸에르토리코'산 하바나 클럽을 판매하고 있다.
미국에서 생산해 미국에서 만든 '하바나 클럽'은 철자는 같지만 쿠바의 '아바나 클럽과는 다른 럼이다.

5. Peru

5. 페루

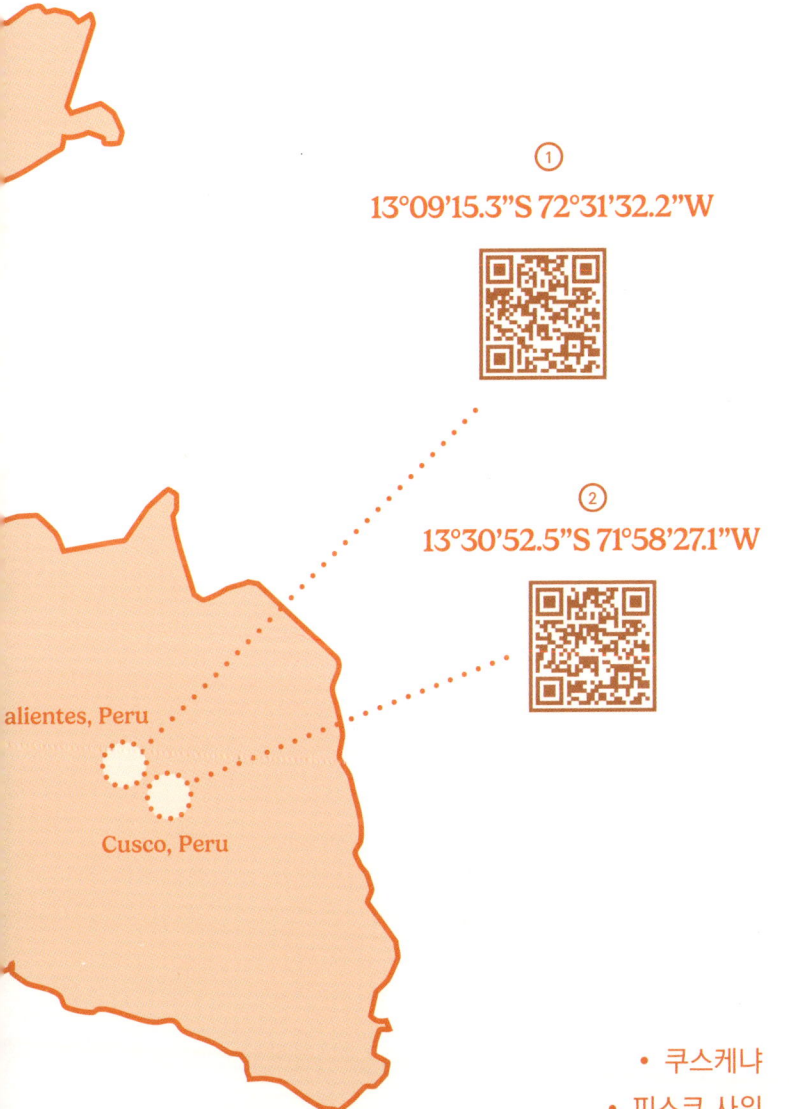

Peru

Cusqueña
쿠스케냐

맥주

브루어리 | Backus and Johnston Brewery
타입 | 밀맥주 / Wheat Beer / Trigo
Alc | 4.9%

13°09'15.3"S 72°31'32.2"W

마추픽추 힐링 포션

공중에서 지상으로, 두 발과 무릎을 혹사시키며 내려온 여정 끝에 가장 빠르고 정확하게 보상을 안겨준 알코올. 그것은 단순히 갈증을 해소하는 음료가 아니었다. 불가사의한 공중 도시를 보기 위해 수많은 걸음을 이어온 나 자신에게 주는 작은 상이자, '쿠스코 사람'이라는 뜻을 가진 맥주의 이름처럼 잠시나마 이곳의 일원이 된 듯한 상징적인 증표와도 같았다. 고생 끝에 털어 넘긴 쿠스케냐의 첫 모금은 폭포의 냉기를 머금은 물줄기가 되어 뜨겁게 달아오른 체온을 식히며 식도를 따라 흘러내렸다.

새벽 7시, 페루 남부의 대도시 쿠스코^{Cusco}에서 작은 미니밴에 올라 구불구불한 산길을 한참 오르내렸다. 6~7시간의 험난한 주행 끝에 도착한 이드로일렉트리카^{Hidroeléctrica} 마을. 이 작은 마을에서 마추픽추 거점 마을인 아구아스 깔리엔떼스$^{\text{Aguas Calientes}}$까지 가는 방법에는 두 가지의 옵션이 있었다. 편하게 기차를 타거나, 그 기찻길을 따라 배낭을 지고 걷거나. 기차 이용 요금이 배낭 여행자에겐 아주 과분한(?) 액수였기에, 고민할 필요도 없이 철로 옆 길을 따라 걷기로 했다.

    기차를 타고 편하게 실려가는 이들의 여유로운 미소를 보며 땀으로 온몸이 흠뻑 젖어갈 즈음, 강줄기가 힘차게 마을 사이를 가르며 떨어지는 마추픽추의 관문, 아구아스 깔리엔떼스에 도착했다. 세 시간 가까이 걸어 퉁퉁 부어버린 다리와 머리끝까지 달아오른 몸의 열기를 안고 마을 중심의 작은 광장에 다다라 무거운 배낭부터 내려두었다. 엄청난 갈증 속에서 광장 한 편의 작은 매점을 발견했다. 마치 사막에서 오아시스를 발견한 사람처럼 홀리듯 들어가 냉장고 속 음료들 사이에서 가장 시원해 보이던 흰색 라벨의 맥주 한 병을 꺼내 들었다. 계산을 마치고는 광장 한가운데 서서 마을을 둘러싸고 있는 높은 산들을 바라보며 꿀떡꿀떡 들이켰다. 내 몸의 열기를 가장 빠르게 식혀준 환희의 순간이었다. 다음 날 마추픽추를 둘러보고 지친 두 발로 걸어 내려온 뒤에도 나는 곧장 다시 광장으로 향해 같은 자리에서, 어제와 똑같은 한 병을 들이켰다.

'쿠스코 사람'이라는 뜻의 쿠스케냐(Cusqueña)는 그 이름 자체로 이 지역의 자부심을 담고 있다. 해발 3,000m가 넘는 고산지대에서 자란 곡물, 청정한 안데스의 물, 그리고 질 좋은 몰트를 기반으로 만들어지는 이 맥주는 이미 100년이 넘는 역사를 가지고 있는 페루의 대표 맥주라고도 볼 수 있다. 그 명성에 걸맞게 투박한 맥주병의 목부분 라벨 위에 새겨진 마추픽추의 모습은 쿠스코의 상징

성을 그대로 드러낸다.

    내가 이틀 연속 집어 들었던 그 하얀색 라벨의 알코올은 쿠스케냐 중에서도 '뜨리고(Trigo)'였다. Trigo는 스페인어로 '밀'을 뜻한다. 밀맥주였던 것이다. 당시에는 그런 정보도 모른 채 그저 가장 시원해 보이는 것으로 무심코 골랐지만, 결과적으로 완벽한 선택이었다. 목구멍을 때리는 강한 탄산의 라거가 아닌, 부드럽게 넘어가는 밀맥주였기에 빠르게 목으로 털어 넘기며 갈증을 단번에 해소시킬 수 있었다. 쿠스케냐 맥주의 라인업에는 몰트(Malta), 골든 라거(Dorada), 레드 라거(Roja), 다크 라거(Negra) 등이 있지만, 고된 트레킹을 마친 뒤에는 뜨리고를 집어드는 것이 가장 현명한 선택일 것이다. 쿠스케냐 뜨리고는 맛과 향이 특별히 강렬하진

스페인어로 황금빛을 뜻하는 'Dorada'는 가장 보편적인 스타일로, 밀맥주가 취향에 맞지 않다면 좋은 선택지다.

않았다. 하지만 신체적으로는 갈증을 완벽히 달래주고, 심리적으로는 긴 여정을 마무리하는 순간을 밀맥주 특유의 부드러운 목넘김으로 정리해 주는 역할로는 매우 충분했다.

　　고대 공중도시 마추픽추는 분명 신비로웠고, 그 웅장함은 경외심을 불러일으켰다. 그러나 이상하게도 나는 그 불가사의한 공중도시보다 광장에서 들이켰던 한 병의 맥주를 더 오래 기억하게 될지도 모르겠다. 오랜 시간 걸은 두 다리의 피로와 목적지에 도착했다는 안도감을 단숨에 씻어내 준 한 모금이었기에. 많은 시간이 흐른 지금도, 그 순간의 목넘김만은 여전히 생생하다.

해발 2,400m 고도의 마추픽추

Peru

Pisco Sour

피스코 사워

(칵테일)

베이스 | 피스코
Alc | 10-15%

13°30'52.5"S 71°58'27.1"W

¡Una copa más!

"왜 마지막 날에서야 이 술을 만났을까." 첫 모금을 목구멍으로 넘기자마자 든 생각이다. 아쉬움이 남는 그날이 아직도 떠오른다. 철길을 따라 몇 시간을 걷고 고산지대에 올라 숨을 가쁘게 몰아쉬고, 공중 도시의 가파른 자연 계단을 쉼 없이 내려온 그날의 고된 여행. 그리고 그 일련의 고된 일정을 잘 버텨낸 나에게 맛으로 보상해 주었던 한 잔. 침샘을 자극하는 신맛과 왜인지 모르게 미뢰 사이사이에 남던 텁텁함, 마지막으로 그 텁텁함을 기분 좋게 잡아주던 시나몬의 향까지. 시고 씁쓸하고 달달한 이 이질적인 것들의 완벽한 조화를 마주한 첫 목넘김만에 '이긴 절대 한 잔으로 끝낼 수 없는 술' 임을 깨달았다.

쿠스코에서의 가장 큰 퀘스트인 마추픽추 도장 깨기를 성공하고 돌아온 후, 피로를 풀기 위해 비워

피스코 사워

둔 쿠스코의 마지막 날, 나를 포함한 5명의 마추픽추 여행자들은 마지막 저녁 식사를 하기 위해 쿠스코에 도착한 첫날 왔던 음식점에 다시 모였다. 페루에서의 마지막 자리를 기념하기 위해서나, 곧 타게 될 *푸노Puno로 넘어가는 밤 버스에서의 숙면을 위해서나 술이 빠질 수는 없었다. 받아 든 메뉴판 속 즐비한 페루의 여러 술들 중 코카 잎이 들어간 코카비어, 그리고 피스코 사워라는 당시에는 생소했던 이름의 칵테일을 주문했다. 먼저 나온 밥을 허겁지겁 먹는 사이, 비엔나커피를 담아야 할 것 같은 고상한 잔에 희끄무리한 칵테일이 담겨 테이블에 불쑥 들이밀어졌다. 비주얼마저 카푸치노와 비슷해서 무의식 중에 에스

* 페루의 남동부에 위치한 도시로 볼리비아와의 접경지이기도 하다.

Pisco Sour

프레소가 들어간 쌉싸름한 커피맛 그 어디쯤일 것으로 예상하고는 별 기대 없이 림에 입을 대고 쭈욱 빨아들였다. 그러나 하얀 거품을 지나 내 입 속으로 들어온 칵테일의 맛은 나의 예상을 완전히 뒤엎었다. 혀의 안쪽 구석을 자극하는 신맛과 미뢰를 빳빳하게 만드는 알 수 없는 텁텁함이 파도처럼 밀려 들어왔다. 칵테일 위에 뿌려져 있던 시나몬을 제외한 모든 맛들이 예상 밖의 것들이라 순간 놀랐다가, 신기하게도 그 자극들의 조화가 꽤나 완벽해 림에서 입을 떼자마자 "와!" 하고는 짧은 감탄사를 내뱉었다.

하필 페루를 떠나기 불과 몇 시간 남겨두지 않은 시점에서 이 매력적인 술을 만나다니. 놀라움은 금세 아쉬움으로 바뀌었고, 얼마 남지 않은 시간 이 알코올을 최대한 즐겨야겠다는 생각

코카 비어와 맥주잔에 담긴 피스코 사워

에 "우나 꼬빠 마스!Una copa más!(한 잔 더!)"를 연신 외치며 여러 잔을 비워냈다.

우리를 비롯한 대부분의 사람들이 피스코 사워를 주문했나 보다. 이 예쁜 잔들이 모두 홀에 나가 있어 모자랐는지 다음 잔은 맥주잔에 나오기도 했다. 이 매력 넘치는 페루 칵테일을 마지막 날에서야 발견했다니! 피스코 사워의 인상적인 맛에 코카 비어의 맛은 기억 저편으로 사라져 버렸다.

피스코 사워는 '피스코(Pisco)'라는 증류주로 만든 '상큼한(Sour)' 칵테일이라는 직관적인 이름을 가지고 있다. 우선 이 칵테일의 베이스인 '피스코'부터 파고들어 가 보자.

피스코는 포도를 증류한 브랜디의 일종으로, 16세기 스페인 정복자들이 식민지에 포도나무를 가져와 만들어낸 증류주이다. 피스코의 원조를 두고 페루와 칠레 두 나라가 다투고 있는데, 과거 스페인 식민 시절 하나의 행정 구역이었던 피스코 생산지역이 현재 페루 남부와 칠레 북부 지역으로 분단되며

문제가 발생한 것. 두 나라 모두 자국 제품에 '피스코' 명칭을 합법적으로 사용하고 있지만, 원조를 두고 두 나라의 다툼은 계속되고 있다. 하지만 현재 두 나라의 피스코는 맛과 향의 차이가 분명히 존재한다. 비교적 관대한 방식으로 생산되는 칠레의 피스코에 비해 페루의 피스코는 갓 만든 와인을 사용, 첨가제를 전혀 넣지 않고 술의 물리·화학적 성질을 변형시키지 못하는 유리 또는 스테인리스 용기에만 저장할 수 있는 등 철칙을 고수하고 있다. 이처럼 조주 과정 자체에서부터 차이가 있다. 또한 피스코를 가장 흔하게 즐기는 방법인 칵테일 피스코 사워를 만드는 방식에도 차이가 있다. 페루의 피스코 사워는 피스코에 레몬 또는 라임즙과 시럽, 얼음, 계란 흰자와 *비터스를 사용하지만, 칠레에서는 피스코에 라임즙만을 사용하거나 피스콜라^{Piscola}라고 하여 피스코에 콜라를 섞어 마시는 간단한 형태로 즐긴다. 두 나라 모두 피스코를 중요한 국가 유산으로 여기

---

* 여러 가지 식물 추출물로 만든 쌉쌀한 맛과 향을 내는 액체 리큐르

는 만큼 *피스코의 날이 지정되어 있으니 2월 초 국경을 넘으며 두 나라의 피스코를 정통으로 즐겨보는 것도 방법이겠다. 물론, 두 나라 어디에서든 피스코의 원조를 이야기할 때 말조심을 해야 하는 것은 필수다.

    쿠스코에서 마신 피스코 사워 속 알 수 없는 텁텁함의 주인공이 계란 흰자였다는 사실을 알게 된 건, 귀국하고 한국에서 피스코 사워를 재회했을 때였다. 칵테일에 계란 흰자가 들어갈 줄은 상상도 하지 못했던 터라 놀라우면서도, 오히려 더욱 특별하게 느껴졌다. 재료의 개성, 그리고 신맛, 쓴맛, 단맛의 절묘한 조화를 품은 저 바다 건너 남미의 칵테일. 궁금하지 않을 수 없을 것이다.

---

*   페루의 피스코 데이는 7월 넷째주 일요일, 피스코 사워 데이는 2월 첫째주 토요일이며, 칠레는 2월 8일에 피스콜라 데이가 있다.

Pisco Sour

6. *Argentina*

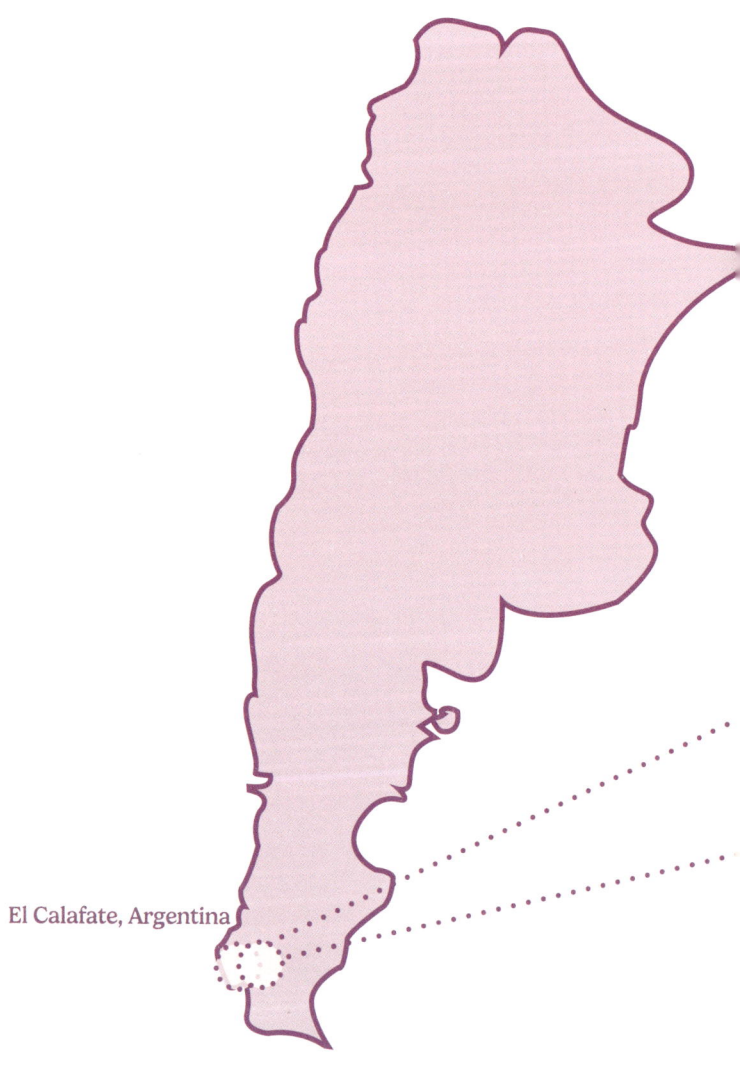

El Calafate, Argentina

6. 아르헨티나

- *Uvita* [1]
- *Whisky with Glacier Ice* [2]

[2]
50°28'13.6"S 73°02'46.5"W

[1]
50°20'26.0"S 72°15'26.8"W

- 우비타
- 빙하 온더락

Argentina

Uvita
우비타

(와인)

브랜드 I 우비타
타입 I 레드 와인(팩)
Alc I 12.1%

50°20'26.0"S 72°15'26.8"W

파타고니아 여행자들의 에너지 드링크

물보다 더 싼 파타고니아 지역의 팩 와인, 그 존재를 명확히 인식하게 된 건 남미 파타고니아 지역의 관문 도시 중 하나인 엘 칼라파테에서였다. 자고로 와인이란 두껍고 단단한 유리병에 담겨 자외선과 온도 등에 변성이 되지 않도록 보존되어야 하는 술인 줄로만 알고 있었는데, 보존력은커녕 터지지나 않으면 다행인 종이팩 안에 와인을 담아 판매하다니. 물론 한국에서도 창고형 매장에서 커다란 팩 와인이 판매가 되고 있다는 걸 나중에야 알게 되긴 했지만, 한국에서 와인을 팩으로 먹을 일은 없었기 때문에 (팩소주면 몰라도) 팩 와인은 생소할 수밖에 없었다. 하지만 당시의 나는 와인은 화이트와인과 레드와인이 있다는 정도만 알 정도로 와인에 대해 잘 몰랐기에 보존방식을 걱정하기보다는 그저 쉽고 저렴하게 반주로 즐길 수 있다는 점에 신이 나, 모든 식사에 물 대신 이 '우비타'라는 와인 한 팩을 나란히 두었다.

    파타고니아 지역 여행의 중심지라고 볼 수 있는 아르헨티나의 작은 마을 엘 칼라파테는 페리토 모레노^{Perito Moreno} 빙하를 만나기 위한 거점지인 동시에 북쪽의 피츠로이^{Fitz Roy} 산맥과 칠레의 트레킹 성지인 토레스 델 파이네^{Torres del paine} 국립공원과도 가까운 위치여서 파타고니아 지역의 여행자 대부분은 이 마을을 방문하게 된다. 그렇기에 거주 인구가 2만 명 정도밖에 되지 않음에도 여행자들이 북적북적한 마을 풍경을 완성시켜 주고, 그만큼 와인 한 잔, 식사 한 끼 함께 나눌 동행들 또한 어렵지 않게 만날 수 있는 곳이다.

    아르헨티나의 아름다운 도시 바릴로체^{Bariloche}를 떠나 비행기를 타고 창문 밖 안데스 산맥을 직관하며 도착한 엘 칼라파테^{El Calafate}. 이 마을에는 한국인들이 주로 가는 숙소가 두 곳 정도 있었다. 하나는 일본인이 운영하는 롯지 형식의 도미토리 펜션, 하

Uvita

나는 칠레인 가족이 운영하는 가정집 스타일의 숙소. 나는 가격적인 면에서나 경험적인 면에서나 주저 없이 후자를 선택했고, 이 가정집 숙소에 머무르는 약 일주일의 시간 동안 파타고니아 지역의 쌀쌀한 날씨와 힘겨웠던 트레킹의 기억을 따뜻한 환대의 경험과 평온한 쉼터에서의 휴식으로 치환하여 추억할 수 있게 되었다.

와인 한 팩도 나누어 마시는 트레킹 동행들

우비타 팩 와인은 파타고니아 지역을 여행하는 알코올 트래블러들에게 없어서는 안 될 필수품이었다. 당시 1L의 팩 와인은 개당 1,400원 정도로 물보다 저렴했기에 마트에서 장을 볼 때는 당연하다는

Argentina

듯 우비타 여러 팩이 가장 먼저 카트에 담겼다. 캠핑과 트레킹을 준비할 때에도 '1일 1인 1팩' 분량의 팩 와인만큼은 짊어져야 할 배낭의 무게 계산에 포함시키지 않는, 당연히 챙겨야 할 필수품이었다. 팩 와인이 더욱 기억에 남았던 이유는 아마도 트레킹으로 인한 고된 체력적 소모, 그리고 그 고통을 알코올로 함께 씻어낼 다수의 사람들이 있어서 일지도 모르겠다.

피츠로이 산맥의 '불타는 고구마'(떠오르는 태양빛에 비쳐 붉어지는 세 개의 봉우리를 여행자들은 '불타는 고구마'라 부른다.)를 보기 위한 1박 2일의 혹독한(?) 캠핑 후 후덜 거리는 무릎 때문에 계단을 도무지 정상적으로 내려올 수 없어 마치 꽃게처럼 터미널 계단을 내려왔던 날에도, 3박 4일 칠레의 토레스 델 파이네 트레킹 중 배낭 속 재료를 다 꺼내어해 먹었던 모든 끼니에도, 항상 투명한 생수^{生水} 대신 보라색 성수^{聖水}가 함께 했다. 트레킹에 지친 몸을 회복시키는 데에는 남미 지역의 저렴하면서도 훌륭한 맛의 고기와 더불어 이 성수와도 같은 팩 와인이 가장 큰 역할을 했다.

50°20'26.0"S 72°15'26.8"W

Uvita

일출 때의 '불타는 고구마'(위)와 평상시의 모습(아래)

Argentina

여행과 술의 그 존재 자체가 우선인 배낭여행자에게 당도니 바디감이니 하는 와인의 맛을 평가하는 요소는 그리 중요하지 않았다. 파타고니아 지역, 그 거대한 자연의 품속을 두 발로 거닐다 녹초가 되어 오늘의 집으로 돌아온 지친 여행자를 위한 식탁 위엔 언제나 맥주와 팩 와인들이 우리보다 먼저 자리를 잡고 있었다. 이들은 때로는 피로회복제로서, 때로는 여행의 기억을 더욱 풍족하게 만들어줄 기폭제로서 아주 훌륭한 역할을 해준 알코올이었다.

50°20'26.0"S 72°15'26.8"W

Uvita

Argentina

Whisky with Glacier Ice
빙하 온더락

(위스키)

Alc | 30~40%

50°28'13.6"S 73°02'46.5"W

Whisky with Glacier Ice

만 년의 빙하 위에 부어진 술

위스키 온더락^{On the Rocks}은 흔한 표현이지만, 그날의 '락'은 만 년의 시간을 품고 있었다. 온 시야를 둘러싼 차갑고 하이얀 얼음 바닥을 딛고 선 채로, 사방에 깔린 빙하를 캐내어 유리잔에 담은 뒤 위스키를 부었다. 이것은 단순한 온더락이 아니었다. 지구가 억겁의 시간 동안 만들어낸 자연의 조각들을 경험하는 한 잔이었다.

엘 칼라파테에서 새벽같이 버스에 올라타 약 한 시간 반을 달려 페리토 모레노 국립공원^{Parque Nacional Glaciar Perito Moreno}에 도착했다. 전망대에 올라 안데스 산맥으로부터 밀려 내려온 거대한 빙하를 한눈에 담았다. 파타고니아 지역은 매번 새로운 풍경으로 나를 놀라게 해 왔는데, 이번엔 '빙하'가 그 주인공이었다. 눈에 띄지 않을 만큼 아주 느리게 호수로 밀려나던 빙하는, 마침내 아파트 한 동 크기의 거대한 얼음 덩어리로 갈라지며 우레와 같은 굉음과 함께 물속으로 무너져 내렸다.

  숙소에서 싸 온 참치 주먹밥으로 아침을 대신하며 멀찍이서 빙하의 모습을 꽤 오랜 시간 바라보다, 빙하를 더욱 가까이 느껴볼 수 있는 트레킹을 하기 위해 발걸음을 옮겼다. 작은 페리를 타고 아르헨티노 호수를 건너 빙하 트레킹 시작점에 다다라서는, 무겁고 날카로운 아이젠을 착용한 뒤 가이드를 따라 한 줄로 빙하 위를 직접 걷기 시작했다. 시리도록 푸른 빙하의 표면과, 깊이를 가늠할 수 없는 크랙을 이렇게나 가까이서 눈에 담을 수 있다니. 낯설고도 경이로운 순간이었다. 트레킹을 시작한 지 1시간 가까이 지났을까, 투어 그룹의 앞 뒤로 길을 안내하던 두 명의 가이드는 작은 테이블 하나가 놓인 비교적 평평한 공간에 발걸음을 멈춰 섰다. 그곳에 가만히 배낭을 내려놓고는 여러 개의 잔과 위스키 두 병을 꺼냈다. 이어 아이스액스(얼음 위를 오를 때 사용하는 등산용 곡괭이)와 스테인리스 바구니를 들고 빙하 얼음을 수집하기 시작했다. 그 순간, 이 투어의 진짜 하이라이트가 시작되었다는 것을 직감할 수 있었다. 작은 테이블 위에서 두 가이드의 손이 분주히 움직였다. 어렵지 않게 캐온 빙하 얼음을 유리잔에 나눠 담고는 그 위로 위스키를 떨어트리자 투명한 빙하의 표면이 천천히 금빛으로 젖어들었다.

위스키 빙하 온더락을 제조 중인 두 명의 가이드

빙하 얼음은 수분이 적고 밀도가 높아 보통의 얼음보다 더 오랫동안 잔 속에 머물렀고, 그 덕분에 위스키는 희석되지 않고 본연의 색과 향을 유지했다. 위스키 잔을 들어 올려 하얗고 푸른 빙하를 배경 삼아 비춰보니 위스키가 더욱 영롱하게 느껴졌다. 더 정확하게는, 위스키를 적신 잔 속의 빙하가 영롱하게 느껴졌다. 입 안 가득 번지던 위스키의 강한 알코올 향은, 은은하게 스며든 빙하의 물맛과 섞이며 목넘김을 한층 부드럽게 만들어주었다.

 물론 위스키는 특별히 고급 위스키도 아니었고, 쉽게 구할 수 있는 지극히 평범한 위스키였다. 그 순간의 주인공은 술이 아닌 얼음이었다. 인간이 만든 술이 억겁의 시간과 자연의 압력이 만들어낸 얼음을 만나 나에게 닿게 된 그 순간의 감각은 오랜 시간 동안 생생히 각인되었다. 이 한 잔이 없었더라면 페리토 모레노 빙하의 기억은 이렇게까지 선명하게 남지 않았을지도 모른다. 이 날의 알코올을 언제 다시 마셔볼 수 있을까.
 북바를 준비하며 당연히 메뉴에 올려야 할, 강렬했던 경험의 알코올이었기에 여행 사진 속 위스키

Whisky with Glacier Ice

를 매입하고는 어떻게 그 감각을 공유할 수 있을까 수없이 고민했지만, 결국 메뉴에 올리지 못했다. 술은 그때의 것과 같을지 몰라도, 그곳의 얼음과 풍광이 가져다주는 감각들은 복제할 수 없기 때문이었다. 그날 마셨던 것은 단순한 술이 아니라, 바로 그 순간 자체였던 것 같다. 음주의 기억이 어떤 감정으로 저장될지는 술뿐만 아니라 그 순간을 구성하는 모든 요소들이 결정한다는 사실을 이 경험으로 깨달았다. 병에 적힌 숙성 연도나 캐스크 타입보다 더 중요한 것은, 어떤 공간에서 누구와 어떤 마음으로 마셨는 지다. 술은 어디서나 마실 수 있다. 하지만 어떤 술이 '인생의 한 페이지'가 되는지는 이런 맥락들이 결정하는 것 아닐까.

빙하가 갈라져 호수에 떨어지던 순간

7. Brazil

7. 브라질

• *Caipirinha*

22°57'56.7"S 43°11'13.7"W

Rio de Janeiro, Brazil

• 까이삐리냐

Brazil

Caipirinha
까이삐리냐

(칵테일)

베이스 | 까샤사 / Cachaça
Alc | 20~30%

22°57'56.7"S 43°11'13.7"W

Caipirinha

그야말로 무장해제 칵테일

남미 여행의 마지막 종착지이자 가장 경계심을 높여야 했던 나라, 브라질에 당도했다. 브라질에 도착하기 전까지 현지의 실시간 사건사고가 업데이트되던 남미 최대 단톡방은 물론, 이 나라 여행을 끝낸 여행자들에게서 들은 무성한 소문들 덕에 끝까지 긴장을 늦출 수 없었다. 언젠가를 대비해 배낭 깊숙이 묵혀두었던 임시 휴대폰을 처음이자 마지막으로 꺼내 들게 만들고, 최소한의 명소들만을 오가며 조심조심 여행하던 리우 데 자네이루에서 처음으로 나를 무장해제 시킨 것이 바로 이 반전 매력의 까이삐리냐였다.

브라질은 '소매치기', '절도' 등, 내가 거쳐온 여타 남미 국가들에 대해 전해 들은 것들과는 다른 레벨의 키워드들, 예를 들면 '갱단'과 '흉기' 등과 같은 무시무시한 단어들이 후기에 오르내리던 국가였다. 그렇다 보니 여행 일정을 짤 때 신중해질 수밖에 없었고, 고민 끝에 상파울루를 건너뛰고 리우^{Rio de janeiro}로 직행하기로 마음먹었다.

이과수 폭포

    이과수 폭포를 보기 위해 머물렀던 포스 두 이과수^{Foz do Iguaçu}에서 직통 버스로도 27시간이 걸리는 긴 이동 끝에 리우, 그중에서도 예수님이 보우하고 계신(예수상의 앞면이 향하고 있는) 지역에 도착하게 되었다. 여행 일정이 비슷했던 두 명의 동행과 함께 현지인 부부의 집에 딸린 방을 숙소로 예약하여 묵었는데, 하루는 숙소의 호스트가 숙박객들을 거실 저녁 식사 자리에 초대해 주었다. 리우에서 머무는 4일 동안 예수상, 설탕빵산^{Pão de Açúcar}, 이빠네마 해변 등 리우의 랜드마크만 둘러보고 가급적 위험한 외출은 피할 생각이었던 터라 시간 여유가 있던 우리는 좋다며 자리에 응했다.

그날 저녁, 호스트가 주최한 저녁식사 자리에는 한국인 셋과 칠레에서 온 커플, 그리고 호스트 부부까지 7명이 거실 테이블에 모였다. 테이블 위엔 여러 식감의 빵과 소시지 양파 볶음, 치즈, 올리브, 삶은 메추리알 등 갖가지 안주들이 올라왔고, 그 사이사이의 빈틈을 얼음이 가득한 칵테일 잔들이 메워주었다.

브라질인 호스트 세우수가 차려준 술상

식사 준비를 마친 호스트는 얼음이 가득 든 잔에 술과 재료를 채워 의문의 칵테일을 만들어 주었다. 갓 짜낸 라임 조각이 들어가 있는 반투명한 빛깔의 칵테일. 비주얼로 보아 모히또이겠거니 하며 별

까이삐리냐

생각 없이 한 모금 들이켰는데, 칵테일을 다양하게 마셔보지 않은 나도 단 한 모금 만에 이것이 모히또가 아니라는 사실을 단박에 알아차렸다. 모히또보다는 진한 알코올의 뉘앙스와 함께 설탕처럼 달달한 맛과 라임의 상큼한 맛이 완벽하게 어우러지며 목구멍을 적셔 내려갔다.

긴장으로 굳어 있던 브라질에 대한 경계심이 무장해제되던 순간이었다(높은 도수에 빠르게 오른 취기 탓도 있다.). 개성 뚜렷한 칵테일의 정체를 호스트에게 물으니, "이 술로 만들었어."라며 아빠 미소와 함께 까샤사 Cachaça 병을 들어 보였다.

꺄샤사는 사탕수수로 만들어진 증류주라는 점에서 중남미에서 보편적으로 생산되는 럼과 같아 보일 수 있지만, 대부분의 럼은 사탕수수로 설탕을 만든 뒤 남은 부산물인 당밀을 주재료로 하는 데 비해, 까샤샤는 가라파^{Garapa}라고 불리는 사탕수수에서 갓 짜낸 생즙을 발효, 증류해 만든다. 그렇기에 일반적인 럼보다 더욱 풍부한 향을 가지고 있다.(최근 만들어지는 럼 중 일부는 까샤사와 마찬가지로 생 사탕수수 즙을 사용하는 경우도 있어 명확한 구분을 짓기 어려워지고 있으며, 미국 등 제3국가에서는 브라질리언 럼^{Brazilian Rum}이라 표기하기도 한다.) 브라질에서만 생산되는 이 증류주는 지역에 따라 핑가^{pinga}, 까나^{cana}, 까니냐^{caninha} 등으로 조금씩 다르게 불리기도 하고, 우리나라에서는 발음이 어려워 까샤사, 까챠사, 카사사 등 다양한 방식으로 불린다(본토 발음에 가장 가까운 것은 '까샤사'이다.).

까샤사가 들어간 가장 대표적인 칵테일이 바로 까이삐리냐인데, 우리나라의 소주와 비견될 정도로 브라질의 국민 칵테일이라고 여겨지는 술이다.

35도에서 50도 사이의 높은 도수인 까샤사 베이스에 아무것도 타지 않고 오직 설탕과 즙 짜낸 라임만이 들어가 꽤나 높은 도수를 유지하는데, 상큼 달달한 매력에 정신없이 홀짝이다 보면 어느새 긴장이 풀리며 취기에 사로잡혀버리기 쉽다. '긴장을 늦추면 안 되는' 술이라는 점에서 이 또한 브라질과 닮아있다.

지역에 따라 증류주 베이스가 카멜레온처럼 바뀌는 칵테일 마르가리따처럼 까샤사를 구하기 어려운 나라에서는 타 증류주로 베이스를 대체하기도 하지만, 브라질 정부에서 까이삐리냐의 '마르가리따 화'를 막기 위해 까샤사로 만든 칵테일만을 까이삐리냐로 명명할 수 있도록 관련법을 만들고 국제표준화기구(ISO)에도 등록했다고 한다.

이 술이 브라질 사람들에게 얼마나 각별한 지 보여주는 대목이다. 나 역시 한 모금 만에 그 매력을 알아차렸고, 브라질 정부가 왜 그렇게까지 했는지 그 집착 같은 진심에 고개가 절로 끄덕여졌다.

Caipirinha

8. Spain

8. 스페인

• *Moritz Original*

Barcelona, Spain

41°24'26.8"N 2°10'36.8"E

• 모리츠 오리지널

Spain

Moritz Original
모리츠 오리지널

맥주

브루어리 | Fàbrica Moritz Barcelona
타입 | 라거
Alc | 5.4%

41°24'26.8"N 2°10'36.8"E

식탁 위의 Mi amiga

스페인의 따사로운 햇살이 담긴 노란색 라벨의 산뜻한 라거. 거품이 막 흘러넘칠 듯한 귀여운 일러스트와 장난기 가득한 폰트까지, 라벨만으로 *까딸루냐 사람들의 낙천적인 성격을 보여주는 이 맥주는 바르셀로나 그 자체를 병 안에 고스란히 담아낸 듯하다. 이 한 병의 맥주는 40여 일 동안 내 식탁 위 **'Mi amiga', 까딸루냐 현지인 친구가 되어주었다.

    6개월간의 아메리카 일주를 끝내고 대서양을 건너 처음 밟은 유럽 땅. 독일 베를린을 시작으로 보름간의 동유럽 여행을 마친 뒤 스페인으로 향했다. 남미 여행에서 워낙 체력 소모가 컸던 탓에 회복의

---

*   까딸루냐(Cataluña)는 바르셀로나를 수도로 한 스페인의 자치지방으로, 강한 지역 정체성을 가지고 있다.

**   스페인어로 나의(mi), 여자인 친구(amiga)라는 뜻으로 스페인어로 맥주는 여성형 명사이기 때문에 남성형 명사 'amigo'를 쓰지 않았다.

Spain

시간이 필요했던 나는, 계획했던 일정을 모두 접고 잠시 여행의 속도를 늦추기로 결심했다. 그렇게 바르셀로나에 도착한 늦은 밤, 급히 잡은 임시 숙소의 캡슐 침대 안에서 한 달 정도 머무를 수 있는 숙소를 찾아보기 시작했다. 마침 한 온라인 카페에서 방 단기 임대 글이 올라와 다음 날 바로 보러 갔고, 곧바로 입주를 결정했다. 입주 첫날, 요리 전공으로 유학 중이던 한국인 호스트와 함께 장을 보고 집에서 작은 파티를 열었다. 그 환영의 첫 식탁 위에 올라온 노란색 웰컴 보틀. 그것이 바로 모리츠 맥주와의 첫 만남이었다. 모리츠 맥주병에 붙은 경쾌한 느낌의 라벨만큼이나 라거의 맛 또한 너무 무겁지 않고 적당히 가벼웠다. 가벼운 치즈 플래터부터 무거운 음식까지, 모든 요리와 조화롭게 어우러지는 '올 라운더' 역할을 해주었기에 데일리 알코올로 제격이었다. 그래서였을까, 장을 볼 때면 생수보다도 먼저 카트에 담곤 했다.

    1800년대 독일식 라거 제조 기술을 바르셀로나

41°24'26.8"N 2°10'36.8"E

화한 이 맥주는 탄생의 순간부터 지금까지 바르셀로나 중심부에 위치한 '파브리카 모리츠Fàbrica Moritz' 양조장에서만 생산한다는 철칙을 지킨다. 200년 가까이 된 바르셀로나 토박이인 셈이다. 오랜 시간 지역 고유의 정체성을 지켜온 덕에, 모리츠는 바르셀로나를 대표하는 맥주가 되었다. 햇살이 가득 쏟아지는 사그라다 파밀리아Sagrada Familia 성당 옆 카페테리아 테라스에도, *고딕 지구의 좁은 골목 안 **타파스 바Tapas bar에도 자연스럽게 자리 잡고 있다. 까탈루냐 지방의 요리와 함께 이 토박이 맥주를 곁들일 때면 그 순간만큼은 나도 바르셀로나 사람이 된 것만 같은 느낌이 든다.

    맛에서 특별히 이 맥주만의 뚜렷한 캐릭터가 느껴지는 건 아니다. 대신 음식과 사람을 조화롭게 연결시키며 편안한 즐거움을 선사한다. 그래서일까,

---

*   식민지 시절의 고대 로마의 유적지, 중세 유럽 고딕 양식의 건물, 90년대 지어진 건물 등이 어우러져 역사적, 정치적으로 중요한 의미를 지닌 바르셀로나의 관광 중심지

**   '덮다'라는 뜻의 'tapar'에서 유래, 잔 위를 덮던 작은 안주에서 비롯된 타파스 문화가 자리 잡은 스페인의 선술집으로, 와인과 함께 가볍게 요리를 즐기는 공간을 말한다.

Spain

정신 차려보면 어느새 n번째 병뚜껑을 따고 있는 자신을 발견하게 된다. 게다가 병에 붙은 노란색 라벨은 단순한 디자인을 넘어, 마시는 사람의 기분까지 경쾌하게 만들어 주는 힘이 있었다.

세계일주의 전반부(아메리카 대륙)를 마치고 후반부(아프리카 대륙)에 돌입하기 전, 바르셀로나에서 가진 회복의 시간 동안 모리츠는 나에게 항상 싱그러운 빛을 담아 식탁 위에 함께 있어준 현지 동행이었다. 새로운 대륙으로 떠나기 전날 밤까지도 나는 마지막 모리츠 병을 따며 바르셀로나에서의 시간들을 한 모금 한 모금 내 안으로 저장했다.

> **바르셀로나와 맥주**
>
> 스페인 하면 대부분 와인을 먼저 떠올리지만, 바르셀로나의 온난한 지중해성 기후에는 어쩌면 맥주가 더 어울릴지도 모른다. 실제로 현지인들도 와인보다 맥주를 많이 즐긴다고 할 만큼 그들에게 맥주는 일상이다. 우리나라에선 바르셀로나의 '에스트렐라 담 양조장'이 더 많이 알려져 있지만, 모리츠 양조장이 더 오래되기도 했고, 조금 더 '로컬 맥주'에 가깝다.

41°24'26.8"N 2°10'36.8"E

Moritz Original

Spain

41°24'26.8"N 2°10'36.8"E

Moritz Original

모리츠 맥주 공장(양조장) 내 다양한 브랜드 굿즈를 팔고 있다.
이곳에 방문하면 모리츠에서 생산하는 흑맥주, 레드 IPA 등 다양한 맥주를 마실 수 있다.

9. Morocco

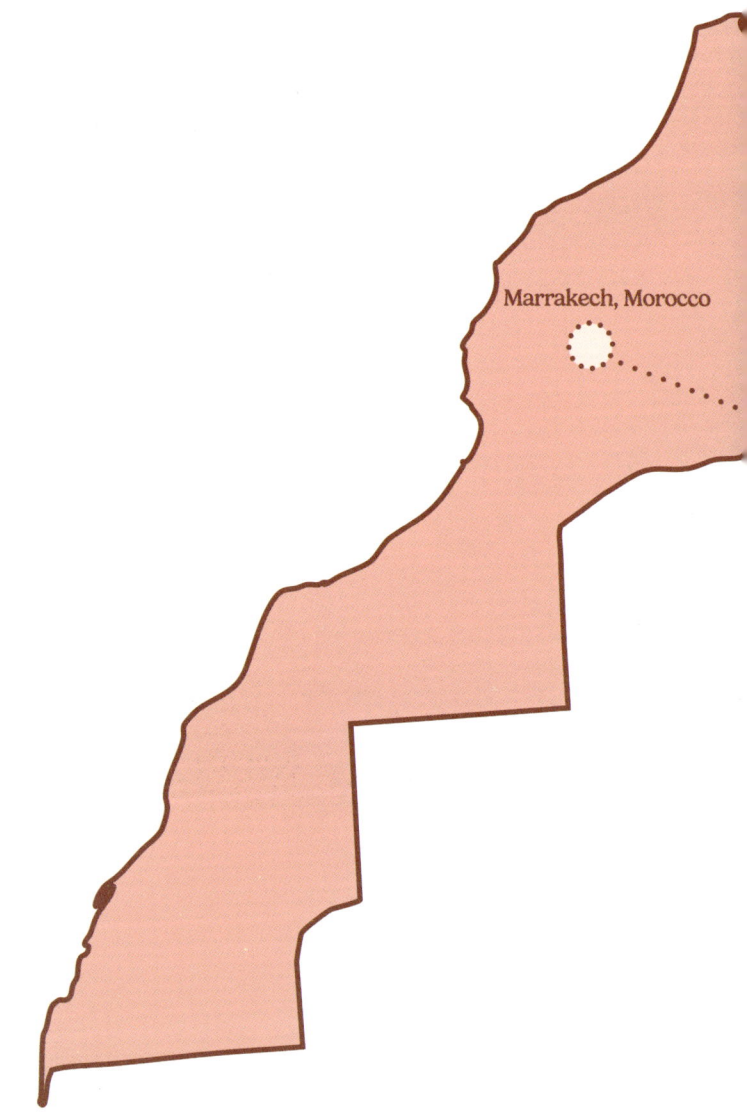

9. 모로코

• *Casablanca*

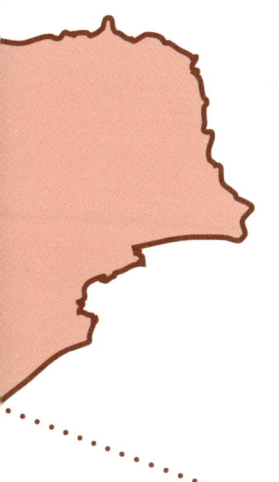

31°37'35.8"N 7°59'10.9"W

• 카사블랑카

Morocco

Casablanca
카사블랑카

(맥주)

브루어리 | 모로코 브루어리 (Brasseries du Maroc)

타입 | 라거

Alc | 5%

31°37'35.8"N 7°59'10.9"W

Casablanca

이토록 애틋해지는 알코올이라니

금기의 영역에 발을 들이는 짜릿함 때문이었을까, 쉽게 구할 수 있었던 것도 어렵게 된 종교적인 상황 때문이었을까. 북아프리카 아틀라스 산맥 아래의 붉은 도시, 마라케시에서 만난 330ml의 작은 짜릿함은 단순한 갈증 해소를 넘어, 내가 새로운 문화의 경계 위에 서 있음을 깨닫게 해 주었다. 먼 곳에서부터 고이 모셔 온 맥주 한 캔이 식탁 위에 존재한다는 사실만으로도 행복해지다니. 상황에 따라 달라지는 인간의 마음이 새삼 간사하게 느껴지던 저녁이었다.

아메리카 대륙과 유럽 여행을 마치고 스페인 바르셀로나에서 잠시 숨을 고른 뒤 세계일주 후반전이 시작되었다. 지브롤터 해협 위를 날아 도착한 새로운 대륙의 첫 번째 목적지, 모로코 마라케시^{Marrakech}. 깜깜한 밤, 착륙한 공항에서 단 한 글자도 읽을 수 없는 아랍어를 마

Morocco

주하니 정말 새로운 세계에 발을 들여놓은 것만 같았다. 공항을 벗어나는 버스를 타고 대형 매장과 카지노, 분수 등 생각보다 도시적인 신시가지를 거쳐 *밥^{Bab}를 통과해 메디나^{Medina}로 진입, 마라케시의 심장부인 제마 엘 프나$^{Jemma-el-fna}$ 광장에 이르렀다.

 광활한 광장 위에 펼쳐진 야시장의 모습과 곳곳에 정차해 있던 마차들을 보며(코를 자극하는 말 오줌 냄새가 상당히 인상적이었다.) 이국적 매력을 느껴, '여긴 적어도 일주일은 머물러야겠다'싶었다. 이제는 나름 숙련된 길 찾기 능력을 발동시켜 좁고 깊숙한 골목 안에 위치한 오늘의 숙소를 찾아냈다. 리야드 형식의 호스텔 입구에 들어서자마자 호스트가 환한 미소와 함께 모로칸 민트티로 환대를 해주었다. 환영이 담긴 민트티와 함께 호스트와 대화를 나누었고, 약 1시간이나 되는 가장 긴 시간 동안의 체크인 과정을 거치고 나서야 짐을 풀 수

---

* '메디나(아랍어로 도시를 뜻하며 모로코에서는 역사적 가치를 품은 구시가지를 칭한다.)'를 둘러싼 성곽 안으로 진입을 하기 위해 통과해야 하는 문(Bab)으로, 서로 다른 이름을 가진 수많은 문이 있다. 각 문마다 품고 있는 역사적 가치가 다르다. 그중 마라케시에는 알코올의 출입을 통제하고 허가하던 문인 'Bab Er-Robb'도 있다.

31°37'35.8"N 7°59'10.9"W

있었다. 다음 날은 하루 종일 광장과 시장을 탐험하며 사하라 사막에서 쓸 스카프를 사고, 전통 음식인 *타진Tajin을 먹고, 500원짜리 생 오렌지주스와 삶은 달팽이까지 경험하며 이 나라의 고유문화를 조금씩 익혀갔다. 스페인에서 쉼의 시간을 보내다 오랜만에 꽉 찬 여행자의 일정을 보낸 탓이었을까. 하루 종일 돌아다닌 그다음 날은 왜인지 몸이 무거워져 숙소에서 쉬기로 했다.

엄청난 크기의 우박이 떨어지는 날이었다. 메디나 밖 버스터미널에서 사하라행 버스 티켓을 끊고 숙소로 돌아오던 동행들에게서 연락이 왔다. "메디나 밖으로 나온 김에 까르푸(대형 마트)에서 맥주 사가려고 하는데, 마실래요?". 거절할 하등의 이유가 없었다. 종교적 이유로 메디나 안에선 찾아볼 수 없던 알코올을 성곽 밖에

* '타진'이라 불리는 전통 냄비에 양고기, 낙타고기 등과 전통 식재료들을 넣어 만든 찜 또는 스튜

알코올의 출입과 통제가 이루어졌던 'Bab Er-Robb'
이슬람 국가인 모로코는 역사적으로 이렇게 제한된 통로에서만 알코올의 출입, 통제가 이루어졌다.

서부터 배송해 주는 그 마음에 보답하기 위해 나는 동행들이 오기 전까지 배낭 속 재료들을 꺼내 주방에서 고추장 파스타를 만들어 놓고 그들(과 알코올)을 설레는 마음으로 맞이했다.

왜 알코올이 메디나 안에서 찾아볼 수 없는지에 대해 이해하려면 이 나라가 어떤 종교적인 토양 위에 서 있는지 알아야 한다. 인구의 99%가 무슬림인 이슬람 국가 모로코에서 알코올은 단순한 기호품을 넘어 종교적, 문화적 금기의 상징이라고도 볼 수 있다. 이슬람 법전인 코란^{Quran}에서 알코올을 도박과 함께 '해악이 많은 것'이라며 명시적으로 금지하기 때문이다. 관광산업 측면을 고려해 다른 이슬람 국가에 비하면 유연한 알코올 허용 정책을 택하고 있지만, 역사적 문화가 보존되고 있는 메디나 내에서만큼은 여전히 엄격한 종교적 규율이 지켜지고 있기에 구시가지 내에서 알코올을 찾기는 거의 불가능하다. 메디나 밖 신시가지 관광지구에서도 정부의 허가를 받은 특정 매장에서만 판매가 가능하다.

때문에 우리나라보다 물가가 대체적으로 저렴함에도 불구하고 알코올만큼은 그렇지 않다. 330ml의 작은 맥주 한 캔이 20-25 디르함, 한국 돈으로 2천 원 정도 하니 나 같은 배낭 여행자의 입장에서 마음껏 구매하기도 어렵다. 그렇기에 한 모금 한 모금이 소중할 수밖에.

너무 아껴 마셨는지 한 캔이 다 비워지기도 전에 고추장 파스타는 이미 바닥을 드러냈다. 문득 어제 경험한 야시장의 삶은 달팽이 맛이 떠올라 광장으로 나가 어제 방문한 3번 집(야시장의 작은 포차마다 이름 대신 넘버가 적혀있다.)으로 달려가 내 배낭 속 가장 무겁지만 필수품이었던 글라스락을 내밀고는 3컵 분량의 달팽이를 가득 담았다. 칼칼한 국물이 조금 모자란 느낌이었는데,

Morocco

마침 옆에 있던 호객꾼이 사진 촬영을 요청해서 함께 찍어주는 대신 국물을 더 얻어내고 뿌듯하게 돌아와 나머지 반 캔을 만족스럽게 비워냈다. 소중한 한 캔의 알코올을 최선의 음식들과 페어링 하며 비워낼 수 있어 행복한 밤이었다. 이 나라에 들어온 지 3일 만에야 겨우 만난 알코올이었다. 술을 금기시하는 나라에 처음으로 들어와 작은 한 캔에 2천 원을 육박하는 알코올을 평소보다 어렵게 구하게 되니 더욱 소중하고 애틋해질 수밖에. 이 맥주의 역사와 맛이 어떻든 저떻든 중요하지 않았다. 이 종교적 문화 속에서 희소하게 감춰진 알코올이 내 앞에 존재한다는 사실이 그저 반가웠을 따름이다.

99% 무슬림의 나라에서 관광객을 위해 남겨놓아 준 1%의 틈, 그 지점에서 생겨나는 묘한 긴장감을 경험할 수 있던 새로운 방식의 여행이었다. 알코올 트래블러들아, 가끔은 이렇게 술이 애틋해지는 경험을 한 번쯤 해보길 권한다. 당연하다고 여겼던 것들의 소중함을 깨닫는 것이야말로 여행이 우리에게 주는 값진 선물 중 하나니까.

31°37'35.8"N 7°59'10.9"W

Casablanca

마라케시 야시장의 야경
그리고 그곳의 삶은 달팽이는 카사블랑카 맥주와 환상의 페어링을 자랑했다

10. Egypt

10. 이집트

Sakara Gold

Dahab, Egypt

28°30'01.9"N 34°31'10.9"E

• 사카라 골드

Egypt

Sakara Gold

사카라 골드

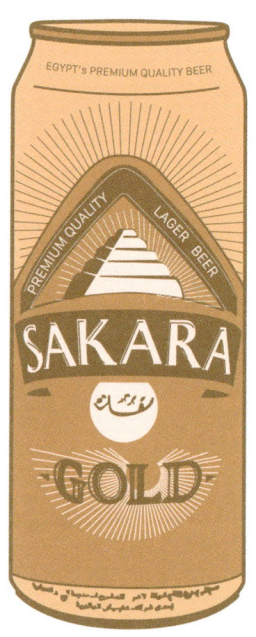

맥주

브루어리 l 알 아흐람 베버리지 컴퍼니

타입 l 라거

Alc l 4%

28°30'01.9"N 34°31'10.9"E

Sakara Gold

사막 여행자를 위한 황금빛 피라미드 한 캔

건조하고 뜨거운 사막 위에 세워진, '배낭여행자들의 무덤'이라 불리는 마을을, 낭만이 아지랑이처럼 피어오르는 진한 매력의 마을로 추억하게 하는 황금빛 알코올. 지갑 사정을 걱정해야 하는 장기 여행자들이지만, 이슬람 문화권인 이 나라의 물가에 비해 비싸더라도 밤낮 할 것 없이 시원한 냉장고에 쟁여 주어야 하는 소중한 맥주. 그중에서도 황금빛 피라미드가 새겨진 이 웅장한 캔은 리쿼 샵에 가면 가장 자주 집어 들었던 이집트의 대표 맥주였다.

아메리카와 유럽을 거친 뒤 모로코를 시작으로 아프리카 여행을 시작해야 할 때였다. 당시 이집트는 비행기 실종 사건 등 사고가 많았던 지역이라 여행 계획에서 제외한 나라였는데, 뉴욕과 칸쿤, 그리고 바르셀로나까지 여행 일정이 우연히 겹쳐 여러 나라에서 마주쳤던 동행이 다음 행선지로 정했다는

Egypt

말에 나도 모르게 이끌렸나 보다. 북아프리카의 서쪽 끝에서 동쪽 끝으로, 긴장된 비행과 함께 계획에도 없던 그곳으로 날아갔다. 2주를 계획하고 온 사람도 어느새 비자 연장을 해가며 2개월을 머무르게 된다는 '장기 여행자들의 무덤'이라는 타이틀을 가진 그 미지의 마을에 나는 엄청난 궁금증이 생겼고, 그곳의 이름은 '다합Dahab'이었다.

다행히도 별 사고 없이 생존해서 이집트 땅을 밟은 첫날, 먼저 와 있던 동행이 묵는 숙소에 자연스레 체크인을 했다. 그러고는 여행자들이 모인 홍해바닷가의 어느 바에서 웅장한 피라미드가 그려진 사카라 맥주를 처음 만났다. 알코올은 언제나 그랬듯 처음 만나는 이들과의 어색한 기류를 능숙하게 편안함으로 전환시켜 주었고, 각자 혼자였던 배낭여행자들을 하나로 묶어주는 매개체가 되었다. 이집션이 튀겨준 양념치킨에 치밥을 할 때도, 전기가 나가 깜깜해진 방 안에서 기타를 치며 신나게 노래를 부를 때에도, 홍해바닷속을 탐험하고 수면 위로 올라와 출출해진 때에도, 여러 개의 손이 모여 직접 빚어낸 만두와 각종 요리들로 하루를 마무리할 때도, 옥상 바닥에 누워 쏟아지는 별을 본 뒤에도, 그냥 아무 이유 없을 때에도 우리는 하루하루 금빛 피라미드를 서로 부딪히며 동행을 넘어선 가족처럼 다합에서의 시간을 공유하게 되었다. 더운 날씨와 종교적 이유로 현지에서는 물가에 비해 비싼 맥주임에도 불구하고 배낭여행자들은 망설임 없이 리쿼샵의 냉장고 문을 연다.

여행자들의 냉장고에는 사카라 맥주가 피라미드처럼 쌓여있다.

이집트 특유의 무더위 속에서 만들어진 라거 스타일의 맥주인 사카라 골

Egypt

드는 목넘김이 부드럽고, 쓴맛보다는 깔끔한 뒷맛으로 이슬람 문화를 뛰어넘어 현지인의 일상 속에 녹아든 대표 맥주로 사랑받고 있다. 이집트의 여러 맥주 중에서도 사카라 맥주를 자꾸 집어 들게 된 데에는 라벨에 크게 그려진 피라미드 덕분이 아닐까 싶다. '사카라'라는 이름은 이집트의 수도인 카이로 외곽에 있는 고대 왕족의 피라미드 유적지 '사카라'를 그대로 따온 것인데, 라벨 속에 담긴 사카라 피라미드가 보여주는 직관적 이집트스러움이 여행자의 시선에 가장 와닿았기에 이집트 여행에서 가장 많이 동행한 알코올이 되었다. 가끔 숨 막히도록 뜨거운 기온에 맑은 황금빛의 사카라 맥주를 한 모금 넘기면 적당한 탄산감이 이내 상쾌함으로 번져 마치 사막을 건넌 여행자들에게 오아시스를 만난 것 같은 기분을 선사한다.

 오늘은 무얼 먹고 무엇을 하고 언제 잘 것인지가 유일한 계획이었던, 가장 본능에 충실한 다합에서의 하루를 상쾌하게 마무리해 주었던 내 손안의

28°30'01.9"N 34°31'10.9"E

작은 황금빛 피라미드. 밤이 지나 동이 트는 줄 모르고 재잘대던 바닷가 마을의 여행자들은 다음의 목적지나 미래의 계획보다는 바로 지금 여기의 행복을 음미했고, 그 '지금 여기'의 자리에는 어김없이 이 피라미드가 함께 있었다.

이집트와 맥주

이슬람 문화권인 이집트와 맥주의 조합이 어색할 수 있지만, 사실 이집트는 맥주 기원지의 유력한 후보 중 하나로 거론될 만큼 맥주의 역사가 긴 국가다. 최근에는 5,000년 된 세계에서 가장 오래된 맥주 양조장 유적이 이집트서 발견되기도 했으며, 고대 이집트의 피라미드 건설 노동자들은 노동의 대가로 맥주를 배급받았다. 맥주가 없었다면, 피라미드도 없었다.

11. Zambia & Zimbabwe

17°55'29.7"S 25°50'51.3"E

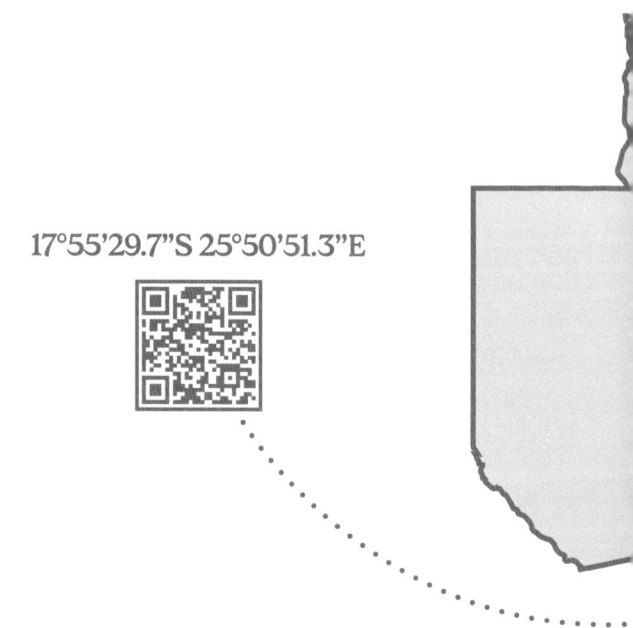

11. 잠비아 & 짐바브웨

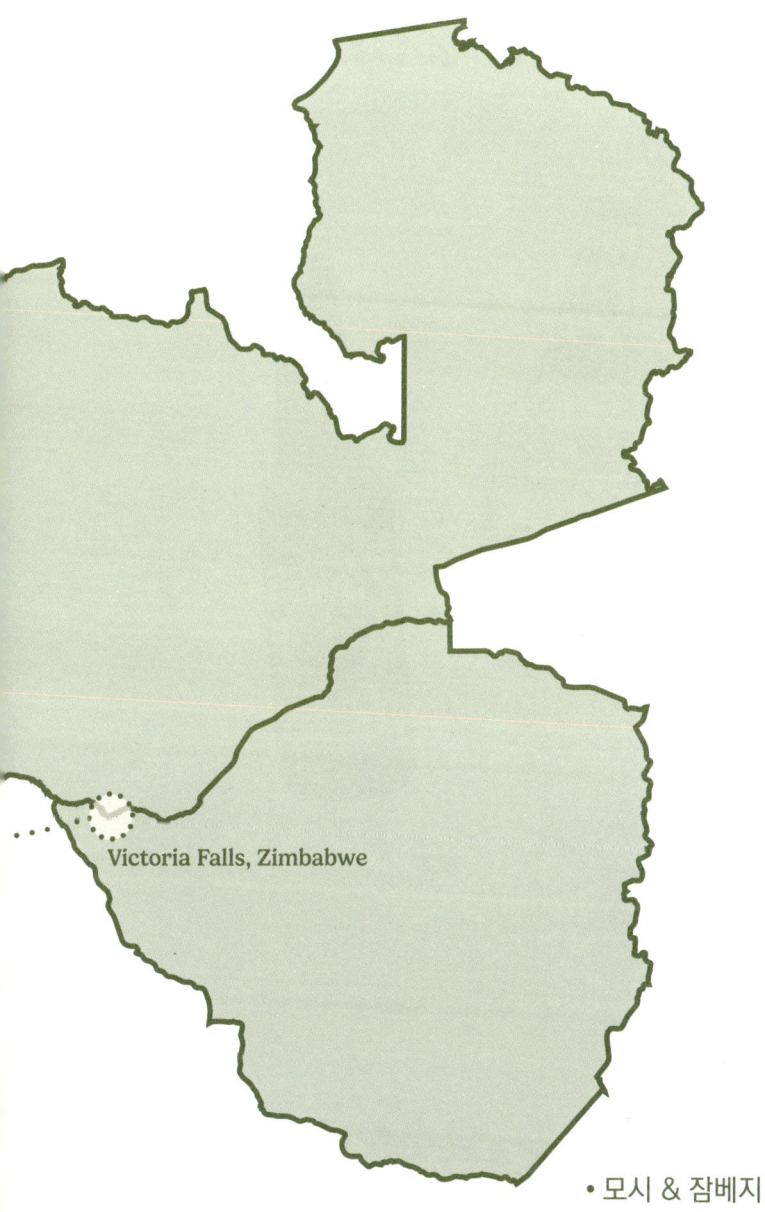

• *Mosi & Zambezi*

Victoria Falls, Zimbabwe

• 모시 & 잠베지

Zambia & Zimbabwe

Mosi & Zambezi

모시 & 잠베지

(맥주)

브루어리 | 잠비안 브루어리 & 델타 코퍼레이션 리미티드
타입 | 라거
Alc | 4% & 4.7%

17°55'29.7"S 25°50'51.3"E

빅토리아 폭포를 기념하는 합리적인 방법

국경을 맞댄 두 나라의 땅 사이로 거세게 쏟아지는 거대한 물줄기. 각 나라의 사이드에서 바라본 그 웅장한 대자연의 모습을 그대로 라벨 속에 담아낸 두 병의 맥주는 메마른 아프리카 대지를 여행하는 배낭 여행자에게 가장 합리적이고 실용적인 기념품이었다.

북미의 나이아가라 폭포에서부터 자연스레 시작된 세계 3대 폭포 정복 챌린지. 나이아가라 폭포와 남미의 이과수 폭포 정복을 마치고 약 10개월 만에 마지막 폭포, 아프리카 대륙의 빅토리아 폭포만을 남겨둔 상태였다. 말라위의 수도 릴롱궤 Lilongwe에서 출발해 잠비아의 수도 루사카 Lusaka를 거쳐 약 1,200km에 달하는 기나긴 여정 끝에 빅토리아 폭포에 가장 가까이 닿아 있는 마을인 리빙스톤 Livingstone에 도착했다. 폭포 정복도 체력이 있어야 가능하다. 때문에 긴 이동을 마친 당일은 숙소에서 점심과 저녁을 먹으며 충분히 휴식을 취하기로 했다. 갈증을 달래려 야외 라운지의 바에서 맥주 한 병을 주문하자, 이내 빅토리아 폭포수가 콸콸 떨어지는 그림 위로 모시^{Mosi}라고 적힌 맥주 한 병이 내 앞에 놓였다. 그 맥주는 마치 내일 실제로 마주할 폭포의 작은 프롤로그, 한 모금의 프리뷰 와도 같았다.

시원한 맥주와 함께 회복의 밤을 보낸 다음 날, 나는 어제 맥주 라벨 속에서 보았던 그 폭포를 직접 마주했다. 깎아지른 절벽을 따라 쏟아지는 폭포의 장관을 보고 나니, 짐바브웨 사이드까지 완벽하게 정복하고 싶다는 마음이 일었다. 폭포를 본 것만으로 충

분하다며 만족한 동행들을 다음 여행지인 보츠와나로 먼저 보내고, 나는 현지인들 틈바구니에 낀 채 홀로 국경을 넘어 짐바브웨에 배낭을 풀었다. 그렇게 짐바브웨 사이드의 폭포까지 두 눈에 담으며 세계 3대 폭포 정복의 여정을 마침내 완성했다. 뿌듯한 마음으로 국립공원을 한 바퀴 돌아보고 나오는 길, 출구 앞에 있던 레스토랑에 발길을 멈춰 섰다. 혼자만의 작은 축배를 들고 싶다는 생각이 들었기 때문이다. 파라솔이 펼쳐진 테라스 좌석에 자리를 잡고, 작은 케이크와 맥주를 주문했다.

이때 주문했던 짐바브웨의 잠베지^{Zambezi} 맥주 라벨에도 방금 눈으로 담고 온 물보라 가득한 빅토리아 폭포가 그려져 있었다. 잠비아에서 마신 모시 맥주가 프롤로그였다면, 이 잠베지 맥주는 에필로그처럼 빅토리아 폭포 탐험을 시원하게 마무리해 주었다.

잠비아에서 마셨던 모시 맥주는 이름 자체가 '천둥이 치는 연기'라는 뜻의 '모시-오아-툰야$^{Mosi\text{-}oa\text{-}tunya}$'(잠비아 원주민들이 빅토리아 폭포를 부르는 또 다른 이름이다.)에서 따온 것처럼, 폭포의 물줄기가 천둥소리를 내며 떨어질 때 물보라를 연기처럼 피워내는 장면을 연상케 한다. 짐바브웨에서 마신 잠베지 맥주는 빅토리아 폭포를 만들어내는 아프리카의 대하^{大河}, 잠베지 강의 이름을 그대로 담고 있다. 두 나라의 맥주 모두 빅토리아 폭포를 모티브로 태어났다. 하지만 국경이라는 보이지 않는 선이 맥주의 성격조차 갈라놓은 듯, 같은 폭포를 바라보면서도 두 나라는 서로 다른 맛을 맥주병에 담아냈다. 모시 맥주는 잠비아 사이드에서 본 얇은 물줄기처럼 가볍게 목구멍을 타고 흘러 청량하게 퍼지는 깔끔한

17°55'29.7"S 25°50'51.3"E

느낌이라면, 잠베지 맥주는 짐바브웨 사이드의 폭포처럼 물줄기를 묵직하게 쏟아내며 오래도록 물보라를 일으키듯 진한 몰트의 맛과 여운을 남기는 잔향이 인상적이었다.

각 나라에서 바라본 폭포의 모습을 완벽하게 담아낸 두 나라의 맥주를 회상하다 보니 문득 이런 생각이 들었다. 두 나라 모두 20세기 말쯤 되어서야 식민 지배에서 독립해 맥주 또한 독립적으로 만들어 내기 시작했다. 오랜 시간 자국의 알코올 독립을 기다려온 만큼, 두 나라 모두 작은 맥주병 안에 나라의 정체성과 자부심을 꾹꾹 눌러 담으며 심혈을 기울인 것은 아닐까.

잠비아와 짐바브웨, 두 나라에서 만난 두 병의 맥주는 빅토리아 폭포를 더욱 선명하게 기억하게 해 주었다. 잠비아의 경쾌한 모시와 짐바브웨의 묵직한 잠베지. 각국에서 바라본 폭포의 서로 다른 관점과 매력을 자국의 힘으로 빚어낸 알코올이었다. 가장 좋았던 것은, 배낭의 무게를 늘리지 않고도

Zambia & Zimbabwe

그 어떤 기념품보다도 더욱 진하게 이 폭포를 기념할 수 있었다는 점이다.

Mosi & Zambezi

12. Namibia

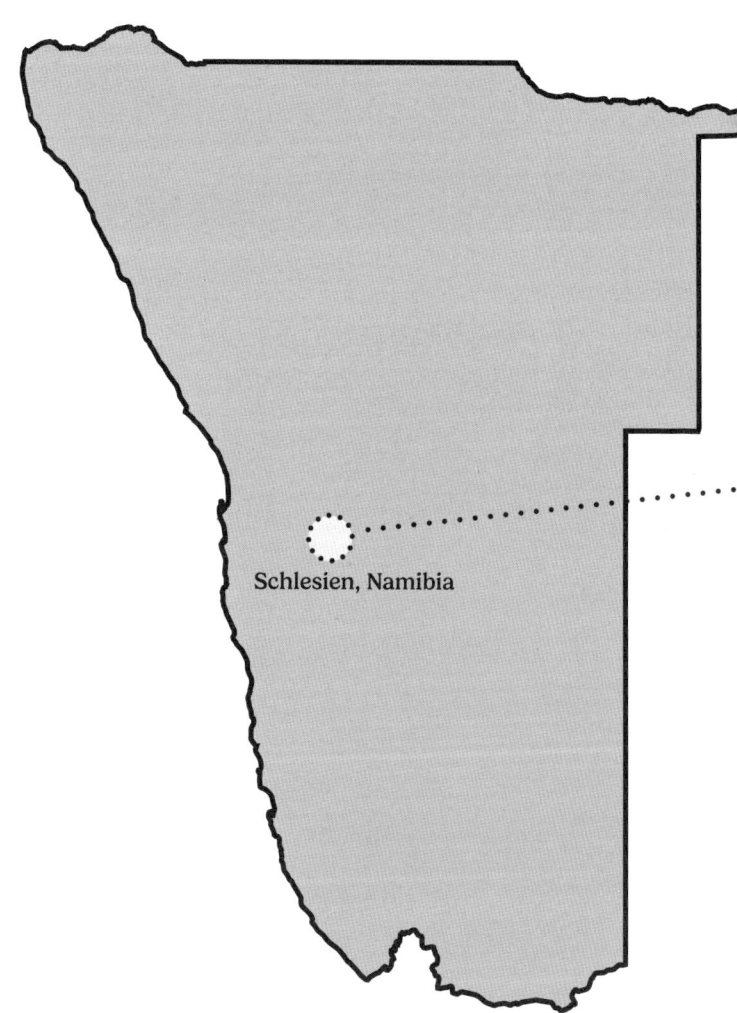

12. 나미비아

• *Windhoek Draught*

23°17'21.9"S 15°50'09.4"E

• 빈트후크 드래프트

Namibia

Windhoek Draught

빈트후크 드래프트

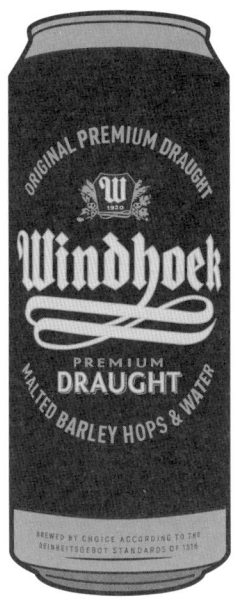

(맥주)

브루어리 l 나미비아 브루어리 리미티드
타입 l 라거
Alc l 4%

23°17'21.9"S 15°50'09.4"E

Windhoek Draught

26시간의 조난을 달래준 단 한 캔

그렇게 소중해질 수가 없던 검은색 캔. 마트에서 집어 들 때까진 생각지도 못했다. 겪게 될 재난을 예상했다면 한 박스를 실어두었을 텐데. 사실 맛은 잘 기억이 나지 않는다. 그저 (흑색)'빛'이었다는 기억뿐. 조난의 위기를 느낀 순간에 알코올이 하나라도 있었다는 사실은 정말 큰 위안이 아닐 수 없었다.

나미비아와 국경을 맞대고 있는 보츠와나Botswana에서 새벽같이 초베Chobe 국립공원 *게임 드라이브를 마치고 없는 정보를 물어 물어 국경을 넘는 데 성공해 마침내 나미비아에 입성한 한국인 여행자 셋. 국경에서 일반택시로 1시간, 셰어택시로 6시간을 달려 깜깜한 밤 룬두Rundu의 어느 주유소에 닿았다. 주변에 마땅한 숙소가 없어 난감했지만, 다행히 기사

---

*   아프리카 지역의 동물 보호구역이나 자연공원 등에서 차량을 타고 야생 동물 등을 구경하는 사파리 탐험

Namibia

님의 배려로 택시 안 시트를 모두 눕혀 차박으로 밤을 지낼 수 있었다. 새벽 내내 같은 차 안에 있던 아가의 우는 소리를 들으며 선잠 자고 일어난 새벽, 같은 주유소에서 주유를 하고 있던 노란 학원버스가 마침 우리와 목적지가 같아서 바로 짐을 옮겨 갈아타고 8시간을 달려 수도인 빈트후크에 도착했다. 황량한 도로 위에서 와이파이는커녕 데이터가 터질 기적은 일어날 리 없던 탓에 도시에 입성할 때까지 숙소를 구하지 못했는데, 그런 우리를 버리지 않고 함께 시내를 돌며 숙소를 알아봐 준 짐바브웨인 기사 아저씨의 착한 마음씨에 감동한 우리는 그 노란 학원 차량과 기사님을 일주일간 고용하기로 했고, 나미비아 로드트립을 함께 하기로 했다.

    이틀간의 정비 시간을 보낸 뒤 나미비아 로드트립을 떠나게 된 짐바브웨인 기사님과 어느새 다섯이 된 여성 한국인 여행자. 식사는 마트에서 장을 보거나 KFC를 이용하고 세면 등의 용무는 주유소 화장실을 이용했다. 학원 차량 안에서 숙식을 해결하며 나미비아의 대자연을 하나씩 둘러보기 시작...한 첫날 저녁

23°17'21.9"S 15°50'09.4"E

에 바로 바퀴 하나가 갈기갈기 찢어져 딱 하나 챙긴 스페어타이어를 바로 교체했고, 둘째 날은 어찌저찌 차량에 문제없이 잘 보냈는데, 문제는 셋째 날에 발생했다. 세스림 캐년$^{Sesriem\ Canyon}$을 보고 이동하던 중 갑자기 차량 한쪽 통유리창이 툭- 하고 도로에 떨궈지는 황당한 일이 벌어지더니(차 안으로 들이치는 모래바람 때문에라도 창문을 버릴 수는 없어 다시 돌아가 창문을 주웠고, 오일 통으로 덧대어 대충 고정시킨 채 달렸다.), 황무지 도로 위를 지나가다 또 다른 타이어마저 터져버렸다.

허허벌판의 황무지에서 터져버린 타이어

Namibia

더 이상의 스페어타이어는 없었고, 차 한 대 지나가는 풍경도 보기 어려울 정도의 황량한 도로이다 보니 도움을 청할 수도 없었지만 다행히도 기사님의 전화가 터져 빈트후크에서 정비소를 운영하는 그의 엉클에게 타이어를 조달해 달라는 구조 요청을 할 수 있었다. 다만 빈트후크에서 6시간은 걸리는 거리였고, 시간도 이미 늦은 저녁이라 다음 날 아침은 되어야 출발할 수 있다고 전해 들었다. 마침 오늘 장을 봐둔 식량들은 조난 비상식량으로 변모해 가치가 확 뛰어올랐고, 여행자에서 조난자가 된 여섯 사람은 식량이 금방 동날까 조금씩 나누어 먹으며 어두운 밤을 보내게 되었다. 그 조난 식량들 중 가장 어둡지만 가장 밝게 후광을 비추던 단 하나의 알코올이 바로 이 빈트후크 드래프트 캔맥주였다.

나미비아의 맥주는 아프리카 대륙에서 생산되는 맥주들 중에서도 맛이 좋기로 유명한데, 19세기 독일인들이 지금의 나미비아에 정착하면서 독일 제국의 식민지화가 시작되었고, 이 식민지배의 영향으

유일한 빛이었던 빈트후크 드래프트와 심바 감자칩

로 맥주 또한 독일의 양조 기술이 자연스레 들어오게 되었기 때문이다. 물과 보리, 홉 이외의 다른 부가물을 넣는 흔한 미국식 페일 라거와 다르게 물과 보리, 홉만으로 맥주를 제조하는 독일의 맥주 순수령(Reinheitsgebot)을 따라 맛이 깔끔한 것이 특징이다. 나미비아에서 생산되는 맥주들 중 대표적인 것이 내가 마신 빈트후크 맥주와 타펠^{Tafel}이라는 맥주이고, 두 종류 모두 나미비아 브루어리 리미티드 Namibia Breweries Limited에서 출시되는 제품이다. 청량하면서도 부드러운 탄산감이 가득한 오리지널 라거를 필두로 프리미엄 드래프트, 무알콜, 라들러 등 여러 종류의 주류와 음료를 생산해 내고 있다. 가볍고 청량한 라거보다는 묵직한 바디감과 부드러운 목넘김을 좋아했던 나는 자연스레 검은색 맥주를 집어 들었고, 단 한 캔 있던 이 맥주의 묵직함은 황량하고 적막한 길 위에서 기다림의 시간을 묵묵히 견딜 수 있게 만들어 준 든든함으로 다가왔다.

    차 안에서 하루를 넘기고 조난 식량이 바닥을 보여갈 오후 4시 즈음 빵과 주스 등 새로운 식량들과 함께 기사님의 엉클과 친형제들이 도착했고, 너무나 반가운 마음에 포옹을 하고는 새 바퀴를 달고 나머지 여행을 안전하게 마칠 수 있었다. 입국부터 시작해 어느 과정 하나 쉽지 않았던 이 나라에서 '그저 빛'이었던 검은 캔 속 맥주는 가장 강렬한 기억으로 남은 조난의 시간을 버틸 수 있게 만들어준 알코올이었다. 그렇기에 더욱 특별하고 애틋하게 느껴지는 듯하다.

Windhoek Draught

13. Czech

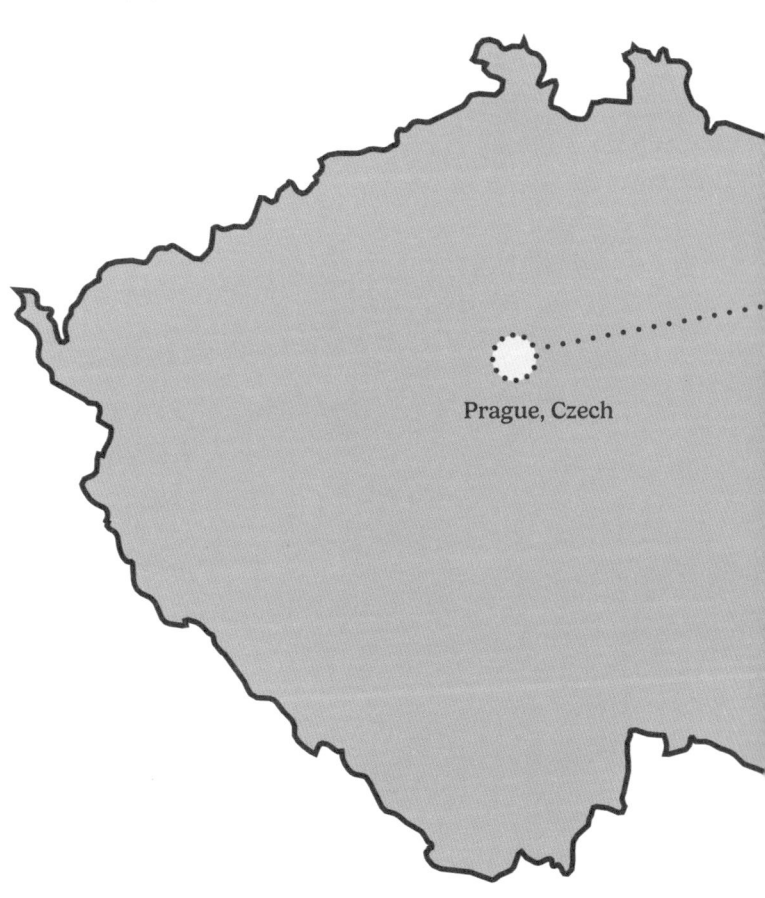

13. 체코

• *Dark Lager*

50°05'07.9"N 14°23'19.7"E

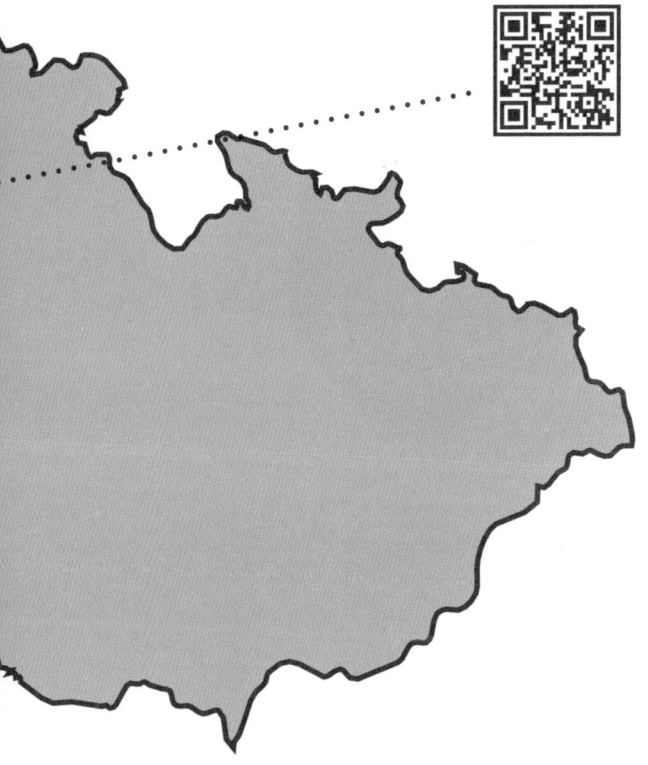

• 다크 라거

Czech

Dark Lager
다크 라거

(맥주)

브루어리 | 스트라호프 수도원
타입 | Dark Lager
Alc | 5.5%

50°05'07.9"N 14°23'19.7"E

카렐 4세의 페이보릿 다크 라거

대부분의 여행자는 프라하 여행을 하고 나면 멋진 프라하 성과 카렐교를 떠올린다. 하지만 나에게 프라하를 가장 생생하게 남겼던 것은 바로 이곳의 맥주였다. 물보다 싼 맥주, 그러나 평범함은 절대 용납하지 않는 특유의 진득함을 가진 체코 맥주들 그 사이에서도 유독 강렬하게 남았던 한 잔, 바로 수도원에서 양조한 다크 라거가 그 주인공이었다. 처음 이 수도원을 찾게 된 건, 정보 수집을 위해 전망대에 올라가야 한다는 그럴듯한 이유 때문이었다. 하지만 내 마음속 주 목적지는 전망대가 아닌 이 전망대 언덕 중턱에 위치한 수도원 속 숨겨진 동굴이었다.

아프리카 여행을 마지막으로 세계일주를 마치고 한국으로 돌아갈 예정이었지만, 어쩌다 보니 나는 또다시 유럽, 그것도 6개월 전 이미 여행했던 프

Czech

라하에 다시 돌아오게 되었다. 한인 민박의 매니저 자리를 덜컥 맡게 된 나는 이 도시에서 70여 일 간 살아보기로 마음을 먹고는, 손님들에게 프라하의 곳곳을 제대로 소개하기 위해 도시 구석구석을 직접 돌아보기로 했다. 그 첫 번째 탐방은 프라하의 남산 타워, 페트르진 타워가 있는 페트르진 힐^{Petřín Hill}이었다. 작은 *푸니쿨라를 타고 정상에 올라 여러 건물들의 운영시간 등 여러 정보를 수집한 뒤 완만한 길을 따라 내려와 수도원에 도착했다. 입구에 들어서자마자 거대한 맥주 사진이 붙은 입간판 하나가 나를 반겼는데, 그 입간판의 상단에는 이렇게 쓰여 있었다. 'Enjoy the atmosphere that was favoured by King Charles IV(카렐 4세 왕이 사랑했던 분위기를 느껴보세요).' 왕의 선택을 받았다는 문구는 나를 동굴 속으로 곧장 들어가게 만들었다.

동굴에 들어서는 순간, 늦여름의 더운 공기가 한순간에 차갑고 상쾌한 공기로 바뀌었다. 실내는

---

*   케이블카와 같은 원리의 산악 등반 열차

Dark Lager

수도원 내부 동굴 형태의 펍

Czech

50°05'07.9"N 14°23'19.7"E

예상보다 더 깊고 은밀했다. 동굴의 가장 안쪽으로 깊숙이 들어가 촛불만이 겨우 놓인 어둑한 테이블에 자리를 잡고는 다크 라거 한 잔과 치즈 크럼블 케이크를 주문했다. 진한 흑갈색빛을 띠는 맥주를 목구멍으로 넘기는 순간, 작은 환호가 터져 나왔다. 적당한 온도에 묵직하고 쌉싸름한 맛이 완벽하게 어우러졌고, 한 모금 마실 때마다 맥주잔에 선명한 엔젤링을 여러 겹 남겼다. 함께 주문한 치즈 크럼블 케이크의 달달하고 고소한 맛과도 완벽한 조화를 이루며 입안에 행복을 터뜨려주었다. 이내 카렐 4세 왕이 왜 이 공간을 사랑하고 이 맥주를 즐겼는지 이해가 되면서 절로 고개가 끄덕여졌다.

스트라호프 수도원은 체코에서 가장 오래된 맥주 양조 역사를 가진 곳 중의 하나이다. 12세기부터 수도승들에 의해 양조가 시작되었고, 내가 맥주를 마셨던 그 동굴은 실제 수도승들이 맥주를 숙성 및 보관시키던 지하 저장고였다고 한다. 이 동굴의 어둠 속에 숙성된 수도원의 맥주는 중세부터 왕실과

Czech

귀족들의 사랑을 받았다. 특히 카렐 4세는 이 맥주를 즐기기 위해 일부러 수도원에 방문하곤 했고, 이 수도원의 맥주 제조법을 보호하는 칙령까지 내릴 정도였다고 한다. 그 덕분에 지금까지도 양조의 역사를 건실하게 이어오고 있었고, 이를 증명하듯 짙은 향과 깊은 맛을 자랑하는 이 다크 라거는 나에게 매우 강렬한 인상으로 남았다.

    이 진한 맥주와의 만남은 체코에서의 생활을 본격적으로 시작한다는 축포를 터트려준 것만 같았다. 이 수도원 맥주를 시작으로 나는 시간 여유가 생길 때면 곧장 생맥주 펍과 브루어리를 찾아다녔다. 체코 곳곳의 브루어리에서는 아주 저렴한 가격에 과분한 품질의 맥주를 경험할 수 있었고, 매일매일의 일상엔 항상 맥주라는 알코올이 함께했다. 체코를 더욱 깊이 여행하는 또 하나의 방법으로 나는 맥주 여행을 추천한다. 물보다 저렴하지만 물탄 맛이라고는 전혀 없는 체코의 진짜배기 맥주를 경험하는 것이야말로 체코 여행에서 결코 놓쳐선 안 될 소중한 기억이 될 것이다.

50°05'07.9"N 14°23'19.7"E

Dark Lager

14. Germany

München, Germany

14. 독일

Oktoberfest

48°08'09.3"N 11°33'00.6"E

• 옥토버페스트

Germany

Oktoberfest

옥토버페스트

(페스티벌)

지역 | 독일 뮌헨
기간 | 9월 말 ~ 10월 초

48°08'09.3"N 11°33'00.6"E

알코올 트래블러의 최대 버킷-페스트

맥주 하나만을 위해 국가 이동을 했다. 전 세계에서 가장 유명하다는 맥주 축제가 바로 옆 나라에서 펼쳐진다는데, 모든 음식에 맥주 반주를 곁들이는 것이 일상이던 내가 가만히 있을 수는 없었다. 그리고 그 하루의 여행은 내게 '축제'의 정수를 맛보게 해주었다.

체코 프라하에서 한인민박 매니저로 일하며 비교적 안정된 일상을 보낸 지도 한 달 즈음, 처음으로 휴일을 가졌다. 아니 정확히는, 휴일을 가질 수밖에 없었다. 바로 옆 나라 독일에서 그 유명한 '옥토버페스트'가 한창이었기 때문이다. 게다가 세계일주를 시작한 뒤 얼굴 한 번 보지 못했던 친구가 유럽 여행 중이라며 축제 일정에 맞춰 독일에 온다니, 그 첫 휴일이 얼마나 기다려졌는지 모른다.

Germany

    10월의 첫날 아침. 게스트들을 위해 손수 차려둔 한식으로 배를 채운 뒤 버스에 몸을 실었고, 4시간 반을 달려 정오 무렵 독일 뮌헨에 도착했다. 뮌헨 중앙역에 도착해 완연한 여행자의 모습으로 친구와 재회했다. 우리는 도시의 중심 광장인 마리엔 광장Marienplatz까지 천천히 걸으며 서로의 여행 이야기를 쉴 새 없이 나누었다. 시내를 느긋하게 거닐다 해가 서쪽으로 기울어갈 무렵, 드디어 축제가 열리고 있는 테레지엔비제Theresienwiese 공원으로 향했다. 축제의 열기는 중앙역을 지나 공원 입구부터 시작되었다. 전통 의상인 디른들Dirndl과 레더호젠Lederhosen을 차려입고 한껏 들뜬 모습의 사람들이 눈에 띄기 시작했고, 입구에서 중심부로 가면 갈수록 인파는 점점 더 촘촘해졌다. 입구에 들어설 때만 해도 분명 나무가 우거진 일반적인 공원의 풍경이었는데, 걸음을 옮기다 보니 어느새 공원은 영화 속 놀이공원의 모습으로 변해갔다. 대관람차와 롤러코스터를 지나 조금 더 안쪽으로 들어서자, 거리 양쪽으로 독일 대표 맥주 제조사들의 거대한 부스들이 마치 건

48°08'09.3"N 11°33'00.6"E

물처럼 웅장하게 늘어서 있었다. 그중에서도 한국에서 한 번도 본 적 없는 호프브로이Hofbräu의 웅장한 왕관 모양 로고가 내 눈길을 끌었다. 입구를 찾자마자 망설임 없이 부스 안으로 발을 들여놓았고, 그 순간 나도 모르게 감탄사가 터져 나왔다. 높고 넓은 공간을 수천 명의 사람들과 술잔들이 빼곡히 메우고 있었다. 맥주통에

웅장한 호프브로이 부스의 전경과 사람들로 북적이는 내부

빠진 듯 공기 중엔 진한 맥주 냄새가 진동했고, 흥 오른 사람들의 시끌벅적한 목소리가 천장까지 울렸다. 완전히 다른 세상에 발을 들인 기분이었다. 술을 마시기 전부터 정신없는 분위기에 혼미해지려던 찰나, 운 좋게 빈자리를 발견했다. 자리에 앉자마자 메뉴판도 없이 맥주 두 잔을 주문했다. 이 축제는 공원 입구에서부터 맥주가 내 앞에 도착하는 그 순간까지 놀라움의 연속이었다. 난생처음 보는 어마어마한 크기의 잔에 갓 뽑아져 나온 황금빛 맥주가 금방이라도 넘칠 듯 가득 담겨 나온 것이다.

옥토버페스트의 시작은 왕실 결혼식을 축하하기 위해 열린 경마 대회에서 비롯됐다. 경마 대회에 곁들여지던 맥주가 세월이 흐르며 메인으로 자리를 잡게 되어 오늘날의 축제로 발전하게 되었다. 지금의 옥토버페스트에서는 매년 700만 리터 이상의 맥주가 소비된다. 내가 선택했던 호브브로이를 비롯해 파울라너Paulaner, 아우구스티너Augustiner 등 뮌헨이 속한 바이에른 지방의 전통 맥주만이 이 축제에서 제

공되고, 약 3천 명에서 1만 명까지 수용할 정도로 큰 규모의 *빅 텐트 안에서 엄청난 수의 사람들과 엄청난 양의 맥주들이 정신없이 오간다.

    처음 옥토버페스트에 참여한 그 누구에게라도 가장 인상적으로 남을 기억은 단연 '마스크루그(Maßkrug)'라 불리는 1리터짜리 맥주 잔일 것이다. 한 잔의 무게만 2.3kg에 달하는 이 잔을 사용하는 데에는 축제장의 많은 인원에게 빠르게 서빙하기 위한 실용적인 이유도 있지만, 과거 바이에른에서 맥주를 1리터 단위로 판매하고 마셨던 것이 지금까지 이어져 온 것이기도 하다. 당시 1리터의 용량을 표기하는 단위가 '마스Maß'였고, 뒤에 '항아리, 단지'를 뜻하는 단어 'Krug'가 붙어 잔의 이름이 되었다.

빠르게 비워냈던 마스크루그잔에 담긴 맥주

*   각 맥주회사에서 설치한, 맥주를 마실 수 있는 대형 실내 공간. 현지에서는 'Festzelt, 축제 천막'이라 부른다.

또 한 가지 흥미로운 점은, 축제 개막식에서 뮌헨 시장이 나무망치로 맥주통에 수도꼭지를 꽂은 뒤 "O'zapft is!(맥주가 따졌다!)"라고 외치면 비로소 축제가 시작된다는 것이다. 이후 각 텐트 안에서는 라이브 밴드가 부스 곳곳에 설치된 무대 위로 올라 바이에른 전통 음악으로 흥을 돋우기 시작해 전 세계인이 즐길 수 있는 팝송까지 아우르며 축제의 분위기를 한층 더 고조시킨다. 축제가 끝나는 그 순간까지 흥이 꺼질 틈을 주지 않는 옥토버페스트의 열기 덕분에 무거운 맥주잔을 들어 오늘 처음 만난 모든 이들과 'Prost!(건배!)'를 외치며 하나가 될 수 있다.

 아프리카 이후 귀국을 결심했지만, 돌연 다시 유럽으로 방향을 튼 덕분에 뜻밖의 축제를 보너스로 경험할 수 있었다. *세계 3대 축제 중에서도 알코

---

* '세계 3대 축제'의 기준은 시대와 지역에 따라 달라지지만, 대체로 리우 카니발과 옥토버페스트는 빠지지 않는다. 세 번째 자리는 베네치아 카니발, 삿포로 눈 축제, 스페인 라 토마티나 등이 언급되기도 한다.

올이 주인공인 축제는 옥토버페스트가 유일하니, 알코올 트래블러에게는 이 축제가 전 세계 최고의 축제라고 할 수 있겠다. 그 축제의 장을 마음껏 즐겨본 것으로 가장 큰 버킷리스트는 실현된 셈이다. 나뿐만 아니라 알코올을 즐기고 사랑하는 모든 알코올 트래블러들이 죽기 전 꼭 한 번은 이 알코올 축제의 정수를 맛보기를 나는 바란다.

맥주와 환상적인 마리아쥬를 이루던 옥토버페스트의 독일 소시지

15. Poland

Zakopane, Poland

15. 폴란드

• *Pilsweizer*

49°12'04.8"N 20°04'16.6"E

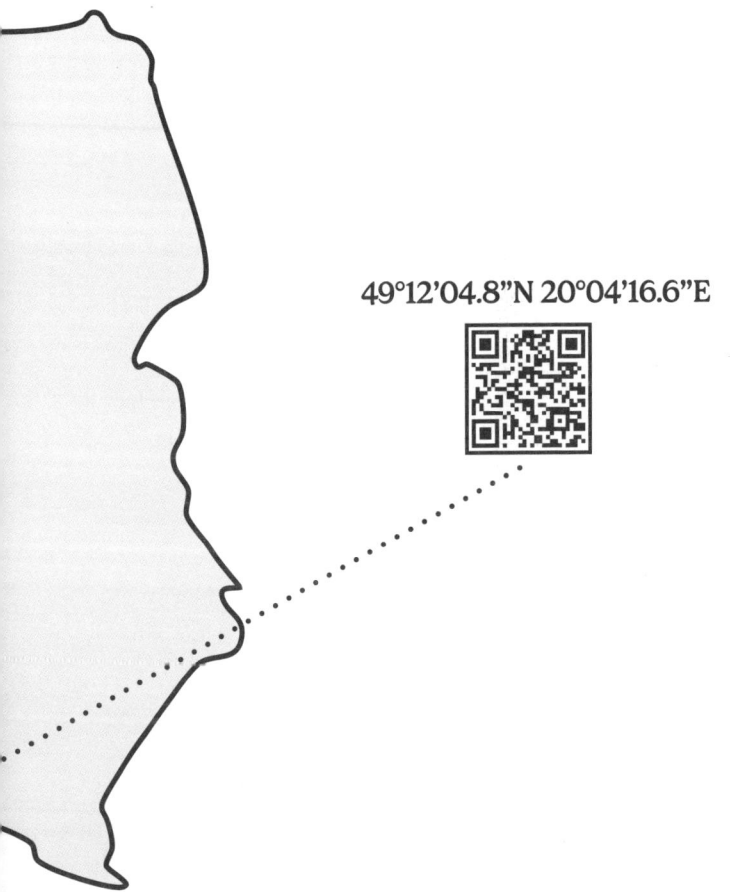

• 필스바이저

Poland

Pilsweizer
필스바이저

(맥주)

브루어리 | 필스바이저

타입 | 스트롱 라거 / Krzepkie

Alc | 7.6%

49°12'04.8"N 20°04'16.6"E

Pilsweizer

겨울 왕국의 에너지 드링크

2시간 반이나 걸렸던 눈길을 단 80분 만에 미끄러지듯 내려올 수 있었던 이유는 정상에서 마신 맥주 두 병의 힘 덕분이었다. 7.6도의 도수를 가진 그 맥주는 그날 나에게 최고의 에너지드링크가 되어주었고, 어쩌면 춥고 낯선 산속에 고립될 뻔한 나를 구원해준 진정한 은인이었다.

유럽 생활을 마무리하는 마지막 여행지는 폴란드였다. 폴란드 서쪽 주요 도시인 브로츠와프^{Wrocław} 여행을 가볍게 마친 뒤 밤 버스를 타고 넘어온, 11월의 눈이 두툼히 내려앉은 폴란드 남부의 작은 마을, 자코파네^{Zakopane}. 얼리체크인이 된 덕분에 3시간 정도의 숙면을 하고는 곧장 여행을 시작했다. 오늘의 목적지는 타트라 산맥이 품은 '모로스키에 오코^{Morskie oko}', 일명 '바다의 눈'이라고 불리는 아름

Poland

다운 호수. 승객을 가득 채운 밴의 끝자리에 실려 등산로 입구에 도착하고는 바로 등산을 시작했다. 나니아 연대기에 나올 법한 눈 덮인 침엽수림, 게다가 그 숲길 사이를 오가는 커다란 마차까지. 판타지 영화 같은 풍경을 만끽하며 2시간 반 정도 산을 올라 마주한, 차분하게 내려앉은 설산의 품 속에서 고요하게 고여있던 모로스키에 오코는 숨이 멎을 만큼 청초하고 아름다웠다. 한동안 그 청초한 호수를 감상하다, 이내 다시 내 몸을 감싸오는 추위에 한기가 스며들었다. 오들오들 몸이 떨려오기 시작한 나는 호수 앞 산장으로 들어가 산장 속 매점에서 차가워진 몸을 데워줄 알코올을 찾아 집어 들었다.

그곳에서 맥주를 고르며 다소 놀란 점은, 눈에

모로스키에 오코 호수 앞 산장

Pilsweizer

띠게 적힌 알코올 도수가 보통의 맥주보다 높은 숫자를 가리키고 있었다. 우리가 흔히 볼 수 있는 맥주들은 IPA 정도를 제외하면 4~5도의 도수로 형성되어 있는 것이 보통이지만, 매점에서 보았던 폴란드 맥주들의 도수는 대부분 7~8도 전후였다. 이유가 있을까 생각해 보면, 그럴 만도 하다. 호수 앞에서 꽝꽝 언 몸을 녹이기 위해서는 체온을 빠르게 올려줄 높은 도수의 알코올이 필요하니까. 영하의 긴 겨울을 버티기 위해서는 술도 강해야 하는 것이다. 여기에 폴란드의 오래된 보드카 문화까지 더해지면 그 이유는 더욱 선명해진다. 실제 폴란드는 세계에서 가장 높은 도수(96도)의 술인 '스피리터스^{Spirytus}'를 생산하는 국가로 유명하기도 하다. 오랜 세월 고

모로스키에 오코 호수를 배경으로 한 필스바이저 맥주

Poland

도수의 보드카를 즐겨온 폴란드 사람들에게 일반적인 페일 라거는 밍밍할 만도 하다. 내가 산장에서 본 7~8도 전후의 스트롱 라거들이 냉장고 전면에 줄지어 놓여 있던 장면이 폴란드 사람들의 그 취향을 보여주는 듯했다.

호수를 바라보며 마신 7.6도의 맥주 한 병은 차게 식은 몸과 피로한 다리를 따뜻하게 데워주었다. 고도수의 맥주 한 병으로 피로를 푼 뒤 비교적 가벼운 도수인 5도 정도 되는 한 병으로 가볍게 입가심을 했다. 하지만 그날의 여유는 그리 오래가지 않았다. 하산할 때 타려 했던 마차는 이미 운영이 끝난 뒤였고, 해는 어둑어둑 지고 있었다. 자코파네 마을로 돌아가는 마지막 차량이 1시간 반 뒤에 출발한다는 사실을 안 뒤로는 깜깜하고 미끄러운 눈길을 휴대폰 플래시에 의존해 스키 타듯 정신없이 미끄러져 내려갔다. 등산로 입구까지 500m 정도 남겨둔 시점에서는 휴대폰 배터리마저 꺼져버렸고, 당황할 시간조차 없던 나는 저 멀리 입구 앞에 서 있던 차량의 헤드라이트만을 향해 암흑 속을 미친 듯 달려 간신히 막차에 올라탔다. 온몸에 붙은 눈을 털어낸 뒤, 차량에 탑승하고 나니 잔뜩 날 서 있던 긴장이 스르르 풀렸다. 다리를 절뚝이며 도착한 숙소. 암흑 속에 고립되지 않고 살아 돌아왔다는 안도의 한숨과 함께 하루를 마무리하는 마지막 맥주 한 캔을 창문가 위에 올려두었다. 창문을 살짝 열어 매서운 폴란드의 추위를 쐬어주니, 상온에 있던 맥주가 단 10분 만에 완벽하게 제 온도를 찾았다. 7.2도의 마지막 맥주를 한 모금 넘기며(알코올로 체온을 올리며) 오늘 하루를 되짚어 보았다.

만약 산장에서 마신 두 병의 맥주가 없었다면, 높은

마지막 맥주도 7.2도 고도수의 스트롱 라거

Poland

도수의 알코올로 빠르게 체온을 높여두지 않았더라면, 나는 과연 그 차가운 눈길을 빠르게 내려올 수 있었을까. 그 도수 높은 맥주는 내게 생존을 위한, 어쩌면 최고의 에너지드링크 역할을 해주었는지도 모르겠다. 왜 폴란드에서 스트롱 라거가 일반 라거보다 더 눈에 띄었던 것인지 그 이유를 몸소 체감하게 되었던 하루였다.

49°12'04.8"N 20°04'16.6"E

Pilsweizer

미끄러지듯 내려와야 했던 차가운 눈길

16. Nepal

Pokhara, Nepal

16. 네팔

• *Chhaang*

28°12'38.6"N 83°57'36.5"E

• 창

Nepal

Chhaang

창

(발효주)

타입 l 탁주 / Chhaang

Alc l 4-6%

28°12'38.6"N 83°57'36.5"E

Chhaang

네팔의 차고지에 숨은 대한민국의 맛

"막걸리가 있다고? 네팔에?"
'창 막걸리'. 식당 의자에 앉아 마치 대자보처럼 쓰인 메뉴판을 천천히 훑어보다 순간 고개를 갸웃거리게 만든 단어였다. 게다가 '창'이라는 이름의 한국 막걸리는 마셔본 적도, 들어본 적도 없었다. '수입을 해오는 건 아닌 것 같은데, 뭘까...' 하는 호기심과 함께 주문을 했고, 이내 내 앞에 놓인 1L짜리 생탁주를 보고는 짧은 감탄이 새어 나왔다. 현지에서 직접 조주 했다는 것을 증명이라도 하듯, 그냥 생수를 비워낸 플라스틱 통에 가득 담겨 나온 것이다. 그리고 그것의 맛은 우리가 아는 그 막걸리의 맛과 꽤나 닮아 있었다.

여행으로 가득했던 한 해를 일주일간의 네팔 안나푸르나 베이스 캠프^{Annapruna Base Camp, ABC} 트레킹으로 마무리하고는 트레킹의 거점 도시인 포카라^{Pokhara}

로 무사히 돌아왔다. 다음 나라로 이동하기 전 5일 정도의 시간 여유를 두고, 긴 트레킹으로 인해 축난 몸을 회복시키며 포카라의 골목골목을 느긋하게 걸었다. 그 회복의 시간 동안 이 도시를 더욱 사랑하게 만든 것이 있었는데, 그것은 잔잔하고도 고요한 포카라의 페와 호수 Phewa Lake 도, 천혜의 자연을 배경 삼아 펼쳐지는 다양한 액티비티도 아닌, 작은 차고지에서 만들어지는 '막걸리'였다.

    트레킹 후 묵게 된 숙소에서 멀지 않은 곳에 네팔 사람이 운영하는 한식당이 있다고 해서 찾아갔다. '소비따네'라는 이름의 이 식당은 출입문이랄 게 따로 없는, 차고지에 낮고 긴 테이블 두어 개와 벽에

한글로 되어있는 소비따네 식당의 간판과 메뉴

일렬로 붙은 바 의자가 전부인 약 3평 정도의 간이 식당이었다(현재는 확장되어 깔끔하고 쾌적한 식당의 모습을 하고 있다.). 차고지 가장 안쪽의 숨겨진 문을 통해 문 너머의 주방에서 네팔인 사장님이 직접 만든 한국 요리를 테이블로 가져다주시는 모양이었다. 차고지 내부 벽면에는 전지 크기의 흰 종이 위에 매직으로 쓱쓱 적어낸 메뉴판이 붙어 있었고(글씨를 보아하니 한국인이 대신 적어준 것 같았다.), 어떤 한식으로 배를 채울까- 하는 행복한 고민과 함께 한 글자 한 글자 천천히 읽어 내려갔다. '김치찌개, 된장찌개, 제육덮밥, 라면세트, 김치전, 닭볶음탕...' 상상만 해도 침 고이는 메뉴들을 읽어 나가다 '창(네팔 막걸리 1L)'이라는 메뉴에서 시선이 멈췄다. 의문과 호기심을 품고 바로 주문을 했고, 얼마 지나지 않아 탁하고 고운 빛깔의 알코올이 익숙한 향을 품은 채 내 앞에 나타났다.

플라스틱 생수통에 든 창을 작은 유리잔에 따르자 익숙한 누룩 향이 났다. 우리나라의 보편적인 막걸리는 잔에 따를 때 미세한 탄산이 보글보글 올라오는 반면, 창 막걸리는 이 도시의 정기를 닮은 듯 차분하게 잔 안에 내려앉았다. 첫 모금에는 은은한 단맛이 혀를 스치다가 목구멍에서는 뒤늦은 산미의 여운이 길게 이어졌다. 무겁게 가라앉은 침전물이 거의 없어 뒷맛도 깔끔했다. 한국의 막걸리보다 묵직한 맛은 없지만, 조금 더 산미가 있고 깔끔한 맛이었다.

네팔이라기엔 너무도 한국스러운 식탁 위의 음식들과 창(Chhaang)

알고 보니 '창'이라는 술은 한국의 막걸리와 아주 유사한, 이 나라 고유의 전통주였다. 티베트 고산지대에서 시작된 창은 지역에 따라 찹쌀, 보리, 옥수수 등의 곡물을 발효시켜 만들어지며, 그중에서도 꼬도(기장)를 사용한 창을 최고로 친다. 곡물을 발효시켜 양조하는 방식과 탁주라는 점이 우리나라의 막걸리와 유사하지만, 창의 주재료에 따라 그 맛은 막걸리와 조금씩 다르다. 그런데 이곳에서 마신 창의 맛은 한식과 곁들여서도 전혀 이질감이 느껴지지 않았다. 한국에서 막걸리의 라이트 버전이 나온다면 아마 이런 맛이지 않을까. 도수도 5도 이하(직접 조주한 술로 정확한 도수가 기재되어 있진 않지만, 한국 막걸리보다 확실히 도수가 낮다.)여서 혼자 1L 마시기에도 무리가 없고, 게다가 단 돈 천 원 정도에 부담 없이 즐길 수 있다. 네팔식 막걸리, 창을 처음 마신 그날 이후 포카라에서 남은 시간 동안 그곳의 단골이 되어 창과 페어링 할 한식 메뉴를 바꿔가며 이 낯설고도 익숙한 술을 매일같이 만났고, 때로는 홀로 낮술을 즐기기도 했다.

이 탁주를 계속 찾게 되었던 이유는 단순히 '익숙한 맛' 때문이라기보다는 낯선 곳과 고향의 정서

Nepal

가 겹쳐지는 지점에서 오는 오묘한 위로 때문이었을 것이다. 이 위로의 술이 있다면 이 낯선 도시에 한 달쯤은 머물러도 좋겠다는 생각이 강하게 들었다. 작고 낡은 차고지 식당에서 내어지는 술에는 취기 이상의 따뜻함이 있었고, 3평 남짓한 그곳에서의 기억은 지금도 여전히 선명하다. 언젠가 다시 포카라에 간다면, 나는 아마도 가장 먼저 소비따네를 찾아 들뜬 마음으로 '창 하나 주세요'라고 말할 것이다.

안나푸르나 베이스캠프, 네팔에서도 역시나 등산 후 막걸리(창)는 필수 코스였다.

Chhaang

17. Taiwan

24°42'50.2"N 121°41'18.7"E

17. 대만

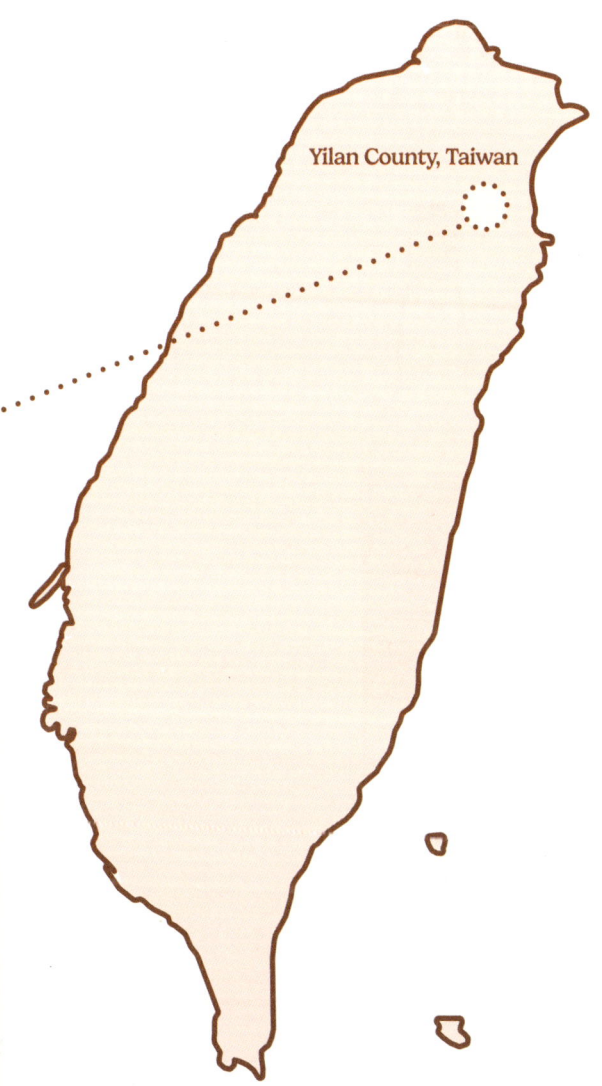

• *Kavalan Distillery*

Yilan County, Taiwan

• 카발란 증류소

Taiwan

Kavalan Distillery

카발란 증류소

(증류소)

지역 | 대만 이란현

주종 | 위스키

24°42'50.2"N 121°41'18.7"E

긴 시간이 필요하지 않아

증류소에 들어간 지 30분 만에 마지막 손님으로 건물 밖을 나왔다. 묵직한 무게의 위스키 20여 병이 두 손에 들린 채로. 증류소에 너무 늦게 도착해 짧은 시간 내에 선택과 집중을 해야 했지만, 다행히 그 사이 건져낸 병들 중에는 나를 위스키의 세계로 이끌어 준 입문서와도 같은 알코올이 있었다. 그 한 병은 이후 내가 마주하게 될 모든 위스키의 새로운 기준점이 되어주었다.

세계일주를 마친 뒤로는 한 나라만 다녀오는 여행이 늘 아쉽게 느껴졌다. 그래서 필리핀 세부로 가족 여행을 계획할 때, 가족들이 귀국길에 오르는 날에 나 홀로 대만으로 넘어가 일주일 간의 워케이션을 보내고 귀국하기로 마음먹었다. 내가 운영하게 될 북바의 브랜딩과 오프라인 공간 공사가 이제 막 시작된 때여서, 메뉴에 넣을 주류를 가져오기 위함이라는 그럴듯한 핑계도 있었다. (북바의 모든 메뉴는 내가 여행 중에 경험했던 것들로만 구성될 예정이었다.) 가족 여행을 마친 뒤 필리핀 세부에서 대만 타이베이臺北로, 그렇게 혼자만의 워케이션이 시작되었다. 주중에는 아침저녁으로 틈틈이 시내를 둘러보며 원격 근무를 해나갔고, 마침내 주말이 오자 기다려온 첫 주류 헌팅에 나섰다. 한국과 비슷한 듯 낯선 풍경을 지나 증류소로 가는 길, 타이베이 동남쪽에 위치한 한적한 시골 마을 자오시礁溪에 먼저 닿았다.

    온천으로 유명한 이 마을의 곳곳에 위치한 공중 족욕탕을 찾아 발을 담그며 잠시 여행의 여유를 즐겼다. 마을의 볼거리, 먹을거리들을 도장 깨기 한 뒤, 위스키 증류소가 있는 이란宜蘭으로 가기 위해 자오시 역에 들어가 표를 끊었다. 하지만 시간표를 보니 이란역으로 향하는 기차가 자오시에 들어오는 가장 빠른 시각은 한 시간 뒤였다. '아, 여기 시골이지...'. 이동 시간만을 고려해 마을에서 여유를 부렸던 나의 불찰이었다. 그렇게 계획된 시간보다 한 시간 늦게 이동해 증류소 입구에 도착하니 여유롭게 둘러볼 시간은커녕, 폐장 30분 전이었다. 당연하게도 증류소 곳곳을 둘러볼 시간은 없었기에, 메인 건물에 들어서자마자 왼편에 위치하고 있던 기프트샵으로 직행했다. 빠듯한 시간 속에서도 매대 위에 가득 진열된 여러 종류의 위스키를 눈으로 빠르게 스캔하며 '가장 매력적인 위스키 찾기'를 시작했다. 미래의 손님들과 최고의 여행 경험을 공유하겠다는 마음으로 여러 종류의 위스키를 신중히 골라 바구니에

카발란 증류소의 전경

담았다.

　　카발란 위스키의 역사는 놀랍게도 길지 않다. 2005년, 음료와 생수로 유명했던 대만의 '킹카 그룹'이 설립한 이 위스키 브랜드는 설립 5주년이 되던 해에 출시한 지 3년이 채 되지도 않은 클래식 위스키로 전 세계의 인정을 받게 된다. 바로 위스키 강국 스코틀랜드를 꺾고 전 세계 위스키 블라인드 테이스팅에서 최고의 싱글 몰트 위스키에 선정된 것이다. 이후 선보인 솔리스트^{Solist} 시리즈 역시 World Whiskies Awards(WWA)에서 세계 최고 싱글몰트상을 수상, 꾸준히 국제 위스키 대회에서 여러 상을 석권하며 스코틀랜드, 일본, 아일랜드와 어깨를 나란히 하는 4대 위스키 브랜드 중 하나로 성장했다.

　　이렇게 비교적 단기간에 엄청난 풍미를 만들어 낼 수 있었던 데에는 이란현의 아열대 기후가 있었다. 킹카 그룹이 고온다습한 이란현에 위스키 증류소를 세우려 했을 때, 대부분의 전문가들은 이러한 기후적 조건에서는 스코틀랜드의 대여섯 배를 웃도는 엄청난 양의 *엔젤스 셰어$^{Angel's\ Share}$가 일어나기 때문에 위스키 생산에 불리할 것이라 예상했다. 그러나 빠른 증발 속도만큼 위스키의 숙성 또한 가속화되었고, 겨울철의 서늘한 기후는 산화작용을 더해 위스키의 맛을 부드럽게 만들어 주었다. 결과적으로, 이란현의 아열대 기후가 오히려 위스키 숙성에 있어서 최적의 기후임을 카발란이 입증한 셈이다.

    이렇게 무서운 속도로 세계를 놀라게 한 위스키를 캐리어에 가득 담아 집으로 돌아온 나는, 북바 공사를 마치고 돌아온 하루의 지친 밤마다 작은 **바이알을 한 병씩 열어 천천히 맛보며 스스로에게 작은 보상을 해주었다. 카발란의 하얀 도화지와도 같던 클래식 위스키부터 시작해 와인 오크, 싱글 몰트, 포디움 등 다양한 위스키를 차

---

*   '천사의 몫'이라는 뜻으로 위스키 숙성 과정 중 원액이 증발하는 양을 말한다. 스코틀랜드에서는 연평균 2%, 대만에서는 10% 이상의 원액이 숙성과정 중 증발한다.

**   위스키 등 증류주를 나누어 담기에 적합한 공병

Taiwan

례로 마셨다. 모든 바이알 시음을 마친 다음 날, 유일하게 큰 병으로 골라온 솔리스트 올로로소 셰리 캐스크 Solist Oloroso Sherry Cask 위스키의 뚜껑을 따 온더락으로 시원하게 한 모금 털어 넣으며 진득한 향을 음미했다. 목넘김 직후 느껴지는 건과일의 단맛과 짭짤 고소한 향, 이어 은은하게 여운을 남기는 스파이시한 향까지. 캐러멜 색상의 알코올이 나를 매료시켰다. 작은 바이알에 담긴 여러 카발란 위스키를 제치고 나를 가장 매료시킨 이 위스키를 큰 병으로 데려왔다니. 내 선택에 박수를 보냈다. 진하고 짭조름한 치즈, 다크 초콜릿과 함께하니 진정으로 위스키의 세계에 발을 들인 느낌이었다. 특히 좋았던 것은, 맛과 향이 과

카발란 증류소 내 기프트샵

24°42'50.2"N 121°41'18.7"E

하게 무겁지 않아 책과 가볍게 페어링 하기에 가장 적합하다는 점이었다.(그러니 카발란 위스키 한 잔을 마실 때, 이 책을 다시 꺼내 들어보기를 권한다.)

    돌이켜보니, 그날 증류소에 늦게 도착하게 된 것은 어쩌면 우연이 아니었을지도 모른다. 이 달큰하고 부드러운 위스키의 향을 좇아 다시 대만을 찾게 될 다음을 기약하게 만든 것은 아닐까. 그 아쉬웠던 마음을 잘 간직해 두었다가 또다시 대만을 찾게 될 그때에는 카발란 증류소가 담고 있는 진한 농도의 이야기들을 차근차근 들어보아야겠다. 물론 그때에도 귀국하는 내 배낭 안에는 올로로소 셰리 캐스크 한 병이 들어 있을 것이다.

카발란 위스키로 가득 채운 캐리어

18. Mexico

18. 멕시코

• *Tequila*

20°52'55.0"N 103°49'57.0"W

• 떼낄라

Mexico

Tequila
떼낄라

(마을)

지역 | 멕시코 떼낄라
주종 | 떼낄라

20°52'55.0"N 103°49'57.0"W

술은 은은한 잔향을, 마을은 진한 잔상을

식도를 훑고 지나간 뒤에서야 달큰한 아가베 향이 콧길을 따라 뿜어져 나오는 매력적인 술. 40도를 웃도는 높은 도수임에도 목구멍을 지난 뒤 비강에 퍼지는 그 향을 느끼고 나면, 나도 모르게 독한 술임을 잊은 채 빈 샷잔을 다시 채우고 싶은 마음이 든다. 사람을 무장해제 시키는 무서운 능력이 있는 술이다. 무섭고도 매력적인 술이 태어난 이 마을은 붉은 화산토 대지 위 황량하고 거대하게 펼쳐진 진한 초록빛의 아가베 밭과 흥 넘치는 *마리아치들이 만들어내는 리듬까지, 완벽한 삼박자를 갖추고 있어 내가 도저히 사랑하지 않을 수 없게 만들었다.

세계일주 당시 이 나라가 품은 방대한 다채로움을 미처 알지 못한 채 입국도 전에 출국 티켓을 끊어버려 단 2주밖에 머무르지 못한 것이 뒤늦은 아쉬움

---

* 멕시코 전통 복장을 하고 민속 음악을 연주하는 밴드나 또는 그 장르 자체를 일컫는다.

으로 남았다. 그래서인지 아직까지도 내 마음속 가장 가고 싶은 나라 1위 자리를 굳건히 꿰차고 있다. 중남미 여행을 통해 스페인어의 매력에 빠져 일주가 끝난 후 멕시코 어학연수를 계획했지만, 코로나의 벽에 가로막히며 그 미련은 더욱 깊어졌다. 결국 그 강한 미련의 힘으로 두 번째, 세 번째 멕시코 방문을 이루어냈다.

이번엔 북바를 운영하는 사장의 입장으로 주류 헌팅을 해야 했기에, 이 마을에 빠르게 닿고자 수도 멕시코시티가 아닌 멕시코 북부의 또 하나의 큰 도시인 과달라하라Guadalajara를 첫 도착지로 삼았다. 4월의 하까란다Jacaranda 나무가 흐드러지게 핀 도로를 달려 숙소에 도착해 가장 먼저 한 일은 내일 출발할 떼낄라 데이투어를 예약하는 것. 그렇게 바로 술 이름으로만 들어보았던 그곳, 떼낄라로 향했다. 15인승의 중형 밴에 실려 도착한 첫 번째 장소는 멋들어진 야외 시음장과 거대한 양조시설이 자리한 떼낄라 양조장이었다.

숙성 중인 떼낄라

떼낄라 양조장의 양조설비

초기의 양조 방식부터 현재 가동 중인 설비까지 카우보이 모자를 쓴 가이드의 설명을 들으며 둘러보았고, 이어 커다란 필로티 구조의 야외 시음장에 자리를 잡고 앉아서는 드디어! 떼낄라 마을의 떼낄라를 마주했다. 시음을 진행하는 직원은 반샷 크기의 잔을 나눠준 뒤 각기 다른 빛깔의 떼낄라 네 병을 테이블 위에 올리고 간단한 설명과 함께 증류 직후의 술부터 오래 숙성시킨 등급까지 차례로 맛보게 해주었다.

블랑코 등급의 떼낄라

 이미 눈치챘겠지만, 우리가 술 이름으로만 알고 있는 떼낄라는 사실 멕시코 북부 할리스코^{Jalisco} 주에 속한 아주 작은 마을의 이름이다. 떼낄라는 이 마을에서 자라나는 다육식물인 아가베, 그중에서도 블루 아가베 품종을 찌고 증류하여 만든다. 증류된 술을 오크통에서 숙성시키는 기간에 따라 등급을 매기는데, 주로 다음과 같은 세 가지로 분류된다.

> ***블랑코 Blanco**
>
> 증류된 술을 오크통 숙성을 거치지 않고 바로 병입하거나 2개월 이내로 짧게 숙성시켜 투명한 빛을 유지한다.
>
> **레포사도 Reposado**
>
> 증류된 술을 최소 2개월에서 1년 사이의 시간 동안 오크통 숙성을 거쳐 옅은 황금빛이 돌고 오크 풍미가 배어난다.
>
> **아녜호 Añejo**
>
> 1년에서 3년 사이의 시간 동안 숙성시킨 뒤 조금 더 진한 황금빛과 보다 깊은 풍미를 띤다.

보통 블랑코는 칵테일 베이스로, 레포사도와 아녜호 이상의 등급은 샷으로 즐기는 경우가 많다. 어디선가 떼낄라를 소금, 라임과 함께 마시는 장면을 본 적이 있을 것이다. 이 방법은 보통 저가형 떼낄라나 샷 문화에서 흔한 방식일 뿐, 100% 블루 아가베로 만든 좋은 떼낄라를 고른다면, 소금과 라임 없이 술 자체의 맛을 즐기길 바란다.(부탁이다.)

시음 과정에서는 떼낄라를 더 풍부하게 느끼며

---

* 하얗다는 뜻의 스페인어로, Plata(은색의), Joven(젊은)으로 표기되기도 한다.

Mexico

마실 수 있는 방법 또한 알려주었는데, 아래와 같다.

①
잔을 코 가까이 가져가 아가베의 향을 맡는다.

②
코로 숨을 얕게 들이마신 뒤 작은 모금을 입안에 머금고 천천히 굴리며 아가베 특유의 단맛, 칼칼한 맛을 입안 가득 음미한다.

③
떼낄라를 목구멍으로 넘긴 뒤(이때 샷을 넘긴 후 입은 벌리지 않는 것이 좋다.), 코로 얕고 길게 호흡하며 아가베 향을 즐긴다.

알려준 방법을 따라 잔에 담긴 떼낄라를 비워내자 식도를 적신 떼낄라의 은은한 아가베 향이 콧길을 타고 다시 공기 중으로 퍼져 나왔다. 술의 향은 보통 마시기 전에 맡아보는 것이 전부라고 생각해 왔다. 하지만 떼낄라를 통해 깨달았다. 목넘김 뒤로 퍼지는 향을 즐길 수도 있다는 사실을. 떠난 뒤에도 오래도록 잔상을 남긴 이 나라의 대표 알코올다웠다. 여행을 마친 후 그리움이 점점 더 짙어지던 이 나라처럼, 떼낄라 또한 마신 직후 퍼지는 은은한 아가베 향이 그리워 자꾸만 찾게 되는 술이 되었다.

20°52'55.0"N 103°49'57.0"W

Tequila

19. Guatemala

Antigua, Guatemala

19. 과테말라

• *Ron Zacapa*

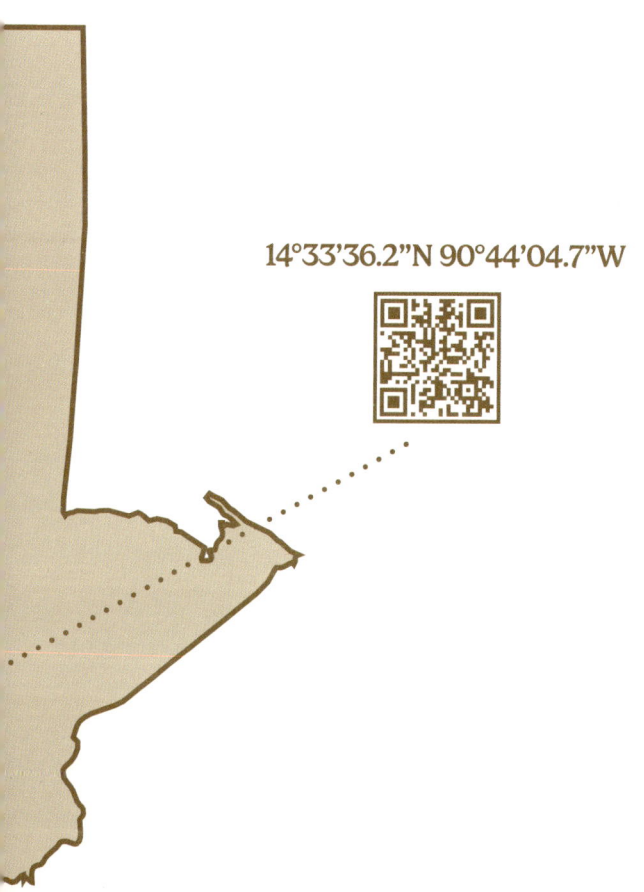

14°33'36.2"N 90°44'04.7"W

• 론 자카파

Guatemala

Ron Zacapa
론 자카파

(럼)

브랜드 | 자카파
종류 | 론 자카파23
Alc | 40%

14°33'36.2"N 90°44'04.7"W

Ron Zacapa

화산을 품은 한잔의 럼

화산재를 뒤집어쓰고 돌아온 여행자에게 이 나라를 완전히 각인시켜 줄 마지막 기념품과도 같았다. 홀린 듯 들어가게 된 비밀스러운 바에서 만난 진갈색의 럼은 오늘의 과테말라를 오랫동안 기억하라는 듯, 한낮에 내내 맡았던 화산의 향을 가득 품고 있었다. 이 나라의 화산을 직접 경험하지 않고 이 술을 마셨더라면 그 깊은 의미를 모르고 지나쳤을지도 모르겠다. 한 잔의 럼과 함께 과테말라라는 나라 그 자체를 더 진하게 이해할 수 있던 밤이었다.

과테말라 시티를 시작으로 너무나 아름다운 호수인 아띠뜰란$^{\text{Lago de Atitlán}}$을 여행한 뒤, 다시 시티 쪽으로 방향을 돌려 안띠구아$^{\text{Antigua Guatemala}}$에 도착했다. 과테말라의 옛 수도였던 안띠구아는 세 개의 큰 활화산이 근처에 자리해 화산 트레킹의 거점 마을이기도 하면서, 어학원 가격이 저렴해 많은 여행자들이 스페인어

공부를 위해 찾아오는 곳이기도 하다. 이 고즈넉하면서도 아름다운 마을을 온전히 느끼고 싶은 마음에 별다른 큰 계획을 세우지 않았는데, 아띠뜰란부터 여행을 함께 했던 동행은 달랐다. 화산 트레킹이 과테말라 여행의 주목적이었던 그는 1박 2일 일정의 아카테낭고 화산을 다녀오겠다며 불필요한 짐을 잠시 나에게 맡기고 동이 트기 전 마을을 떠났다.

    혼자 남아 마을을 돌아다니기 시작한 아침, 거리 곳곳마다 자꾸만 눈에 밟히는 것이 있었다. 여행사 입간판이었다. 마을 곳곳의 여행사에서는 메인 투어인 화산 트레킹을 입간판에 크게 적어 내놓고 있었고, 그 간판들에 한 번 두 번 눈길이 가다 보니 '다녀와볼까' 싶은 마음이 일기 시작했다. 그러다 결국에는 계획에 없던 화산 트레킹을 결심하게 됐는데, 그렇게 할 수 있게 된 가장 큰 이유는 무엇보다 나에게 맡겨진 동행의 운동화 때문이었다. 7kg의 배낭 하나 달랑 들고 출국한 여행자에게 등산화는커녕 운동화가 있을 리가 없었는데, 갑작스레 생긴 운동화 한 켤레 덕분에 생각에도 없던 화산까지 가볼 수 있게 된 것이다. 아주 잠깐의 고민 뒤, 동행의 허락을 받아 운동화를 빌려 신기로 하고는 출발까지 두 시간밖에 남지 않은 빠까야 화산 반나절 투어를 즉흥적으로 신청했다. 숙소로 돌아가 270mm의 헐렁한 남자 운동화 속에 양말을 구겨 넣어 발끝의 빈 공간을 메꾸고는 끈을 질끈 동여매고 투어 차량에 올랐다. 1시간 정도 길을 달려 등산로 입구에 도착했고, 발이 푹푹 빠지는 화산재와 모래가 뒤섞인 땅을 밟으며 트레킹을 시작했다. 희뿌연 안갯속을 헤쳐 올라 김이 폴폴 올라오던 빠까야 화산$^{\text{Volcán Pacaya}}$을 구경했다.

Guatemala

안갯속에 가려졌던 화산이 모습을 드러낸 건 10분 남짓이었고 무섭게 밀려오는 어둠에 쫓겨 급히 하산했지만, 충분히 가치 있던 경험이었다.

화산재를 가득 뒤집어쓴 채 마을에 돌아오니 엄청난 피로와 허기가 몰려왔다. 근처 일식당에서 가츠동과 시원한 맥주로 정신을 차린 뒤 가로등 불빛만이 은은하게 비추는 안띠구아의 고요한 밤거리를 걸었다. 무작정 거리를 헤매던 중, 비밀스럽게 빛나는 작은  문을 발견하곤 발걸음을 멈췄다. 문 앞 안내판에 적힌 'Zacapa'라는 단어 때문이었다. 시티에 사는 지인에게 들었던 과테말라의 대표 럼이었다. 나는 곧장 그 비밀의 문으로 들어가 자리를 잡고는 메뉴판을 받기도 전에 주문을 마쳤다.

14°33'36.2"N 90°44'04.7"W

이내 짙은 색의 우드 플래터 위로 세 잔의 자카파 럼이 놓였다. 6년에서 23년 숙성 원액을 블렌딩 한 론 자카파 23*부터 다크 에디션, 그리고 최대 25년 숙성된 원액을 사용한 프리미엄 X.O까지. 나는 화산재를 뒤집어쓴 여행자에서 알코올 헌터로 자아를 바꾸고는 한 모금 한 모금 신중하게 음미하며 메모장에 향과 맛을 기록했다.

첫 번째 잔을 입에 머금는 순간, 이전까지 맛봐온 럼과는 확연히 다름을 느꼈다. 위스키에서나 느껴질 법한 스모키한 향이 입안 가득 묵직하게 맴돌았다. 이 향은 낮 동안 내 몸에 가득 스며든 화산재 냄새와 기

---

* '론 자카파 23'은 최대 23년 숙성 원액을 사용했다는 의미와 해발 고도 2,300m에서 숙성되었다는 두 가지 의미를 가진다.
또한 브랜드명 옆에 '최소 숙성연수'를 표기하는 위스키와 반대로 '최대 숙성 연수(23년)'가 표기 되어있다.

묘하게 닮아있었다.

　자카파는 사탕수수에서 설탕과 결정을 분리하고 남은 당밀로 제조되는 보통의 럼과 달리 설탕을 분리하지 않고 갓 짜낸 그대로의 사탕수수 즙$^{\text{Virgin Sugar Cane Honey}}$을 사용하기 때문에 더욱 깊고 진한 카라멜향과 단맛이 살아있다. 또한 숙성 과정은 과테말라 북부 케찰테낭고 지역의 해발 2,300미터 고도에서 진행되는데, 이 높은 고도는 기온 변화가 크고 산소 밀도가 낮아 오크통에 담긴 술의 숙성 속도를 느리게 만든다. 그 덕분에 럼 특유의 단맛과 목재의 향이 천천히, 더욱 깊이 스며들게 된다. 마지막으로, 오크통 내부를 강한 불로 그을려(이 과정을 차링^{Charring}이라고 한다.) 럼에 스모키함과 스파이시함을 강조시킨다. 자카파는 특정 해발 고도, 숙성의 속도와 시간, 캐스크 사용 방식, 그리고 차링 과정까지 여러 요인을 마치 연주하듯 세밀하게 조율하여 다양한 에디션을 내놓았고, 내가 마신 세 가지의 잔에서도 조금씩 다른 강도의 맛과 풍미로 럼을 마시는 행위에 즐거움을 더해주었다. 23년의 강렬한 스파이시함, 다크 에디션의 묵직한 스모키함, 그리고 이 모든 것의 정점인 부드럽게 목으로 넘어가는 25년 X.O까지. 각각이 다른 장르의 곡과도 같았다.

하산과 함께 끝나버린 줄만 알았던 화산의 향은, 자카파 럼 한 모금을 입안에 머금는 순간 다시 피어오르는 듯했다. 과테말라의 오랜 시간을 담아 만들어진 럼을 한 모금 두 모금 홀짝이다 보니 점점 그 이해가 선명해졌다. 럼 자카파는 30여 개의 화산을 가득 품은 과테말라 땅 그 자체였다. 낮에는 높은 고도의 활화산을 바라보며, 밤에는 그곳에서 숙성되어 내 앞에 담겨 나온 고도수의 알코올에서. 하루 동안 완전히 다른 방식으로 두 번을 만난 화산의 향은 그윽이 피어올라 내 콧속까지 흘러들어왔고, '과테말라'라는 이름으로 내 기억의 잔을 가득 채웠다. 그 향과 취기, 하루의 피로가 뒤섞인 채 오늘 더욱 깊이 이해하게 된 이 나라의 밤거리를 천천히 걸었다. 낮은 석조 건물들 사이로 차분히 내려앉았던 어둠처럼 이날 밤의 기억도 내 안에 은은하게 남아 있다.

20. *Austrailia*

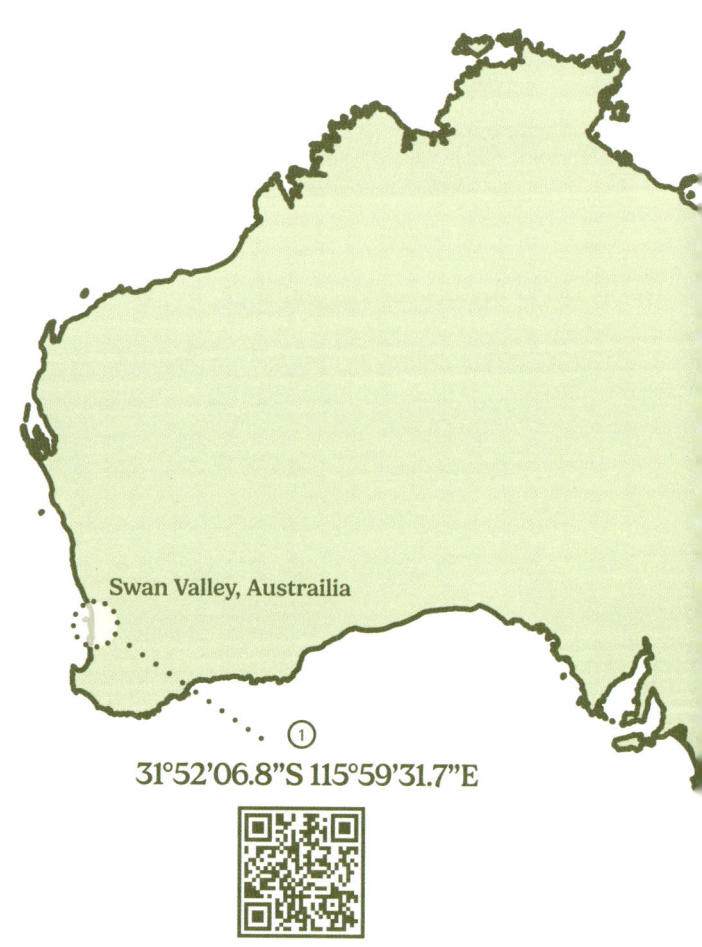

Swan Valley, Austrailia

① 31°52'06.8"S 115°59'31.7"E

- *Sandalford Wines*[1]
- *Yarra Valley Wineries*[2]

②
37°40'20.7"S 145°22'59.8"E

Yarra Valley, Austrailia

- 샌달포드 와이너리
- 야라밸리의 와이너리들

Austrailia

Sandalford Wines

샌달포드 와이너리

(와이너리)

지역 | 오스트레일리아 스완밸리
주종 | 와인

31°52'06.8"S 115°59'31.7"E

뜨거운 포도밭 사이의 와인 오아시스

섭씨 40도의 어질어질한 여름에 도수 14도를 웃도는 여러 잔의 와인을 들이켜야 했다. 전 날 오존층이 얇아질 대로 얇아진 남반구의 태양을 얕봤다가 피부가 벌겋게 달아올랐던 터라, 와인이 입에 닿기 전부터 이미 취한 사람의 얼굴을 하고 있었다.

보통 호주의 퍼스^{Perth}에서 와이너리 투어를 간다 하면 시내에서 차로 3시간 거리에 위치한 마가렛 리버$^{\text{Magaret River}}$로 많이 가는 편이라 차를 렌트해 마가렛리버를 갈까 고민을 했지만, 그렇게 되면 운전자가 시음을 충분히 할 수 없어(그 '아쉬운 운전자'가 내가 될 가능성이 컸다.) 고민 끝에 비교적 거리가 가까운 또 하나의 와이너리 밀집 지역인 스완 밸리$^{\text{Swan Valley}}$로 향했다. 내륙 안쪽에서 시작해 퍼스 시내를 거쳐 인도양까지 이어지는 스완 강의 이름을 딴 스완 밸리는 퍼스 시내 대중교통으로도 이동할 수

Austrailia

있을 만큼 시내와 가까운 편인데다 온화한 지중해성 기후와 미네랄이 풍부한 토양으로 인해 여러 종류의 포도가 잘 자라기 아주 좋은 조건을 가지고 있어 서호주 와인 산업의 주요 지역으로 여러 와이너리들이 모여있다. 처음 밟은 대륙에서 만나는 첫 번째 와인은 앞으로 마셔나갈 와인들의 기준이 될만한 대표적인 것이었으면 했다. 그래서 스완밸리에서 가장 크고 오랜 전통을 지닌 샌달포드 와이너리로 향했다. 숨 쉬기 조차 어려울 정도로 뜨거운 열기에 정신이 아득해져 눈꺼풀이 자꾸만 무겁게 내려앉았던 서호주의 뜨거운 여름날. 하지만 와이너리에 들어선 순간, 눈앞에 펼쳐진 아름다운 포도밭 풍경에 눈이 번쩍 뜨였다.

    어느 영화에서나 볼 법한 초록 대지 위 넓게 펼쳐진 초록빛 포도밭이라니... 또 그 멋진 밭을 매일같이 전망하기 위해 세워진 듯한 깔끔하고 정갈한 삼각지붕의 건물이 자리하고 있었다. 무더위에 빨리 실내로 들어가고 싶은 몸과 멋진 와이너리의 풍경

31°52'06.8"S 115°59'31.7"E

을 두 눈에 천천히 담고 싶은 마음이 갈등을 반복하며 건물 한 바퀴를 돌고 나니 보이던 *셀라 도어$^{Cellar\ door}$. 다양한 와인 관련 굿즈들을 올려둔 벽면의 반대편으로 아주 넓고 길게 갖춰진 테이스팅 바 공간이 있었고, 이미 많은 사람들이 상기된 얼굴로 잔을 채우고 비우고를 반복하며 시음을 진행하는 스태프와 와인에 대해 신나게 이야기하고 있었다. 굿즈들을 찬찬히 둘러본 뒤 바의 끝자락에 빈 공간을 찾아 테이스팅에 나섰다.

바 한편에 자리를 잡으면 테이스팅 가능한 와인 리스트를 건네받게 되는데, 28종의 와인 리스트 중 시음을 원하는 와인 5가지를 고를 수 있었다. 와인에 대한 지식이 많이 부족했던 나는 메뉴 헌팅 겸 다양한 품종을 공부한다는 생각으로 스파클링부터 한국에 거의 들어오지 않는 품종, 리저브 라인, 스윗 와인까지 최대한 다양한 종류를 신중히 골라 직원에게 건넸다. 리스트를 건네받은 직원은 이내 가벼운

---

* 와인 시음이 가능하도록 개방된 와이너리 내 공간

Austrailia

스파클링 와인부터 묵직하고 달달한 와인 순으로 테이스팅 순서를 정해주고, 첫 번째 와인을 잔에 따라주었다. 테이스팅 리스트에는 쉬라, 카베르네 소비뇽, 샤르도네 등과 같이 국내에서 많이 수입되고 있는 주요 품종 외에도 슈냉 블랑$^{\text{Chenin Blanc}}$, 그르나슈^{Grenache}, 베르델호^{Verdelho} 등의 다소 생소할 수 있는 품종들도 다채롭게 있었다. 덕분에 리스트를 읽어 내려가는 것부터가 나에겐 시각적으로 즐기는 흥미로운 공부가 되었고, 시음은 미각으로 즐기는 클래스와도 같았다. 직원이 따라주는 와인을 한 잔, 두 잔 차례로 마시다 보니, 좁았던 나의 와인 세계가 조금씩 넓어지는 느낌이 들면서 취기와 함께 약간의 성취감도 차올랐다.

    와인을 아예 모르던 내가 세계일주를 하며 레드 와인을 제법 즐길 수 있게 되고, 이젠 언젠가 내 가게를 찾아올 손님과 좋은 와인의 경험을 공유하기 위해 이 먼 곳까지 와 있다니, 새삼 뿌듯하면서도 묘한 감정이 들었다.

31°52'06.8"S 115°59'31.7"E

이번 와인 여행은 단순히 즐기기 위한 것뿐만은 아니었기에, 이왕이면 가장 맛있는 와인의 경험을 공유하고 싶어 시간이 걸리더라도 더욱 세세하게, 내 입안에서 머무르다 식도를 타고 흘러 내려가는 알코올의 맛과 향을 기록해 나갔다.

Austrailia

　섭씨 40도를 웃도는 숨 막히는 뜨거운 여름날의 와이너리, 그 중심에 자리 잡은 셀라 도어는 시원한 와인으로 목을 축일 수 있는 오아시스와도 같았다. 물론 더위와 알코올의 조화 덕분에 첫 와이너리부터 정신줄을 바짝 붙잡아야 했지만, 와인 오아시스에서 목을 축이고 난 뒤 다시 마주한 여름의 뜨거움은 오히려 달콤하게 느껴졌다.

Sandalford Wines

Austrailia

Yarra Valley Wineries

야라밸리의 와이너리들

(와이너리)

지역 | 오스트레일리아 예링

주종 | 와인

37°40'20.7"S 145°22'59.8"E

달콤한 야라강의 물맛, 아니 와인

달달한 와인은 '와린이'들이나 즐기는 것이라는 편견이 산산조각 났다. 서호주를 흐르던 스완 강의 물맛과는 전혀 다른 개성의 야라 강 물줄기가 담긴, 호주 동쪽 야라밸리의 와인들. 야라 강물에 설탕이라도 탄 걸까? 야라밸리의 와인들 중 내 눈을 번쩍 뜨이게 해 주었던 것은 전혀 생각지도 못한 스윗 와인들이었다.

멜버른 시내를 관통하는 총 242km의 얇고 긴 야라 강. 멜버른에서 차로 약 한 시간, 야라 강을 따라 내륙으로 들어가면 고도가 조금 더 높아진 곳에 야라밸리가 위치하고 있다. 이곳은 와인이 될 포도가 자라기에 적당한 해발 고도와 다양한 토양을 갖추고 있다. 특히 낮에는 온화하고 밤에는 서늘한 기후 덕분에 큰 일교차 속에서 포도가 천천히 영글어 풍미가 깊어지므로 고품질 와인 생산에 유리한 지리적 조건을 지니고 있다. '서호주의 와인과는 어떤 차이가 있을까?' 하는 궁금함과, 와인 초보도 눈을 번쩍 뜨이게 만들 맛있는 와인을 가져가야 한다는 나름의 사명감을 안고 야라 밸리 와이너리 투어 차량에 올랐다.

투어의 첫 번째 목적지는 호주에서 가장 오래된 와인 생산지 중 하나인 예링 스테이션(Yering Station). 기념품과 와인을 판매하는 매장 한가운데 위치한 계단을 따라 올라가니 와이너리 전경을 내려다볼 수 있는 단독 셀라 도어가 나타났다. 5병의 와인이 세워진 ㄷ자 형태의 바를 둘러싸고 시음자들이 자리를 잡았다. 셀라 도어에 등장한 직원은 와이너리를 간단히 소개한 뒤, 각 와인의 병을 들어 와인의 특징과 시음 시 느껴봐야 할 포인트를 안내하며 부드럽게 와인을 따라주었다. 가벼운 스파클링 와인부터 시작해 샤르도네, 피노 누아, 쉬라즈 순으로 시음을 진행하며 직원은 테이스터들에게 방금 마신 와인에 대한 개인적인 별점을 평가하도록 유도했고, 덕분에 다른 테이스터들의 다양한 의견도 참고할 수 있었다.

직접 와인을 푸어링 해주고 있는 예링 스테이션 셀라도어의 직원

나는 어떤 와인의 경험을 메뉴로 가져가는 게 좋을지 고민하며 한 잔 한 잔 신중히 시음했고, 사진과 한 줄 평을 휴대폰 메모장에 꼼꼼히 기록해나갔다. 집중하며 마시다 보니 어느새 예링 스테이션에서의 마지막 잔, 주정강화(Fortified) 스윗 와인으로 시음을 마무리할 차례가 왔다. 달달한 와인은 주로 와인에 갓 입문하거나 와인에 대해 잘 알지 못하는 와린이들의 선택이라는 편견이 있어서였는지 별 기대 없이 한 모금 머금었는데, 강렬하면서도 고급진 달큰함에 순간 적잖이 당황했다.

지금까지 내가 마셔온, 그저 달기만 한 개성 없는 스위트 와인과는 너무나 달랐다. 주정강화를 통해 풍미가 극대화된, 완전히 다른 차원의 와인이 된 것일까. 더 놀라웠던 점은, 단 한 번도 내 입맛에 맞지 않았던 품종인 쉬라즈가 이 와인의 주 품종이라는 사실이었다. '스위트 와인이 이토록 강렬하고 세련될 수 있다니...' 내가 가지고 있던 선입견에 금이 가버린 순간이었다. 그 균열은 첫 번째 와이너리에서 그치지 않았다. 두 번째, 세 번째 와이너리에서도 연타로 부서져 산산조각 나버렸다. 프랑스와 이탈리아 북부의 포도 품종을 호주 스타일로 개성 있게 잘 살려낸 부티크 와이너리인 수마[Soumah]에서도 가장 인상적이었던 와인은 쇼비뇽 블랑, 쉬라즈 같은 익숙한 품종이 아닌 브라케또[Brachetto]의 새콤달콤한 묵직함이었고, 여러 가지 실험적 와인 제조로 독창적인 와인 생산을 하고 있는 헬렌앤조이 이스테이트[Helen&Joey Estate] 와이너리에서는 의외로 스파클링 로제 *드미 섹[Demi-sec]의 절제된 스윗함이 깊은 인상을 남겼다.

* 드라이와 스위트 사이, 드라이 와인보다 한결 부드럽고 살짝 단맛이 도는 와인

Yarra Valley Wineries

내가 마신 모든 와인들은 엄청난 고급라인이 아니었음에도 매우 세련되면서 각각의 매력이 뚜렷했다. 호주 서쪽 샌달포드 와이너리에 이어 동쪽에서 또 한 번, 나의 와인 세계는 마치 신대륙 발견이라도 한 듯 넓어진 느낌이었다. 스윗 와인과 스파클링 와인은 천천히 음미하지 않고 가볍게 디저트용으로 마신다는 이유로 맛이 떨어질 것이라는 나의 편견을 야라 밸리의 와인들이 확실히 깨 주었다. 덕분에 앞으로는 무거운 음식과 페어링할 때뿐만 아니라, 일상생활에서 더 자주 와인잔을 들게 될 것만 같다.

예링 스테이션 와이너리의 셀라도어로 가는 길

21. New Zealand

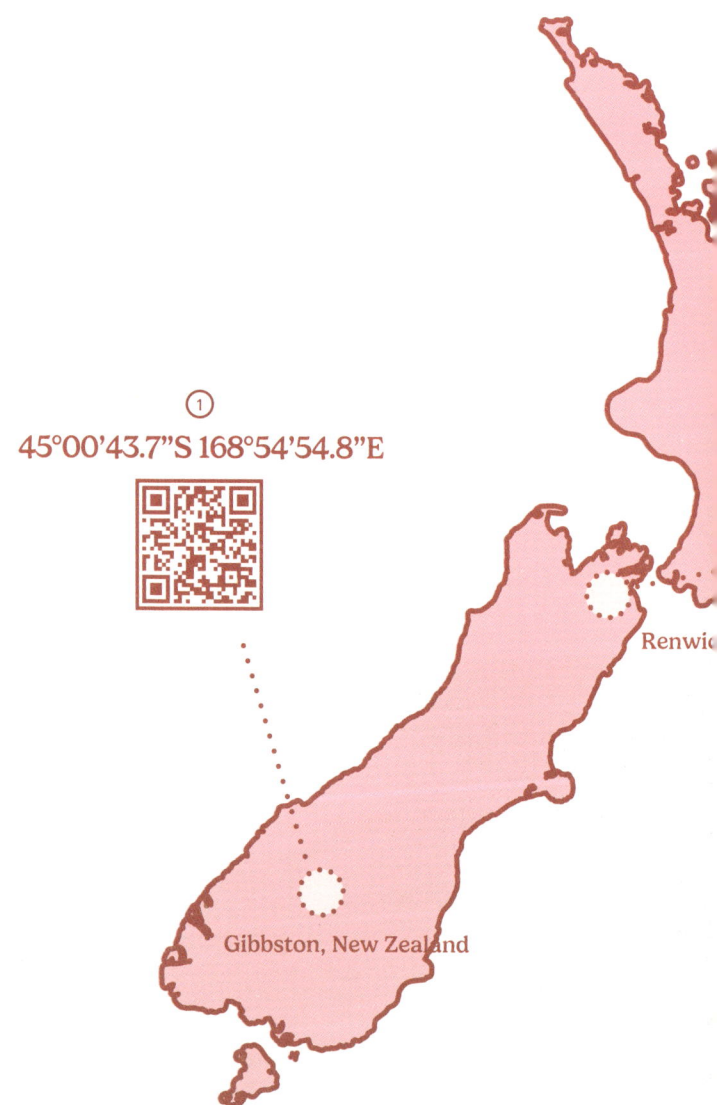

①
45°00'43.7"S 168°54'54.8"E

Renwick

Gibbston, New Zealand

21. 뉴질랜드

- *Hop-on Hop-off Wine Tours* ①
- *Wine & Food Festival* ②

②
41°30'20.1"S 173°49'35.6"E

ew Zealand

- 홉온홉오프 와인투어
- 와인 앤 푸드 페스티벌

New Zealand

Hop-on Hop-off Wine Tours

홉온홉오프 와인 투어

(투어)

지역 | 뉴질랜드 깁스턴
주종 | 와인

45°00'43.7"S 168°54'54.8"E

Hop-on Hop-off Wine Tours

와이너리를 돌고 도는 포도향 버스

운전자를 제외한 나머지는 모두 제정신이 아니다. 각기 다른 와이너리의 포도향을 품고 탑승한 승객들로 인해 온갖 포도향과 알코올이 은은하게 버스 안을 채우고 있다. 오직 술이 가득한 정류장에만 멈춰 서는 이 버스는, 내가 퀸즈타운에서 1순위로 경험해야 할 액티비티였다. 다섯 시간 동안 다섯 곳의 와이너리, 18종의 와인 시음을 마치고 대낮에 풀려버린 눈을 보며 어질어질함에 헛웃음이 나왔던 날이기도 했고, 동시에 온몸 가득 배어버린 와인 향만큼이나 낭만적인 퀸즈타운 밤 풍경에 젖어들어 꽤 오랜 시간 잠들지 못한 밤이기도 했다.

퀸즈타운Queenstown에 도착하기 전 숙소보다 먼저 예약한 것이 *홉온홉오프Hop-on Hop-off 와이너리 버스투어였다.

* 타고(Hop-on), 내린다는(Hop-off) 뜻으로, 정해진 정류장을 순환하는 투어 버스를 자유롭게 승하차할 수 있는 일종의 버스 자유이용권

내가 예약한 이 투어는 퀸즈타운이 속한 오타고^{Otago} 지방 중에서도 퀸즈타운과 가장 가까운 와이너리 산지인 깁스턴 밸리^{Gibbston Valley}의 여러 와이너리 및 브루어리를 버스 한 대가 하루 7회 정도 순환하는 프로그램이다. 오전 10시 첫 차를 타고 시작하면 보통 3~5곳 정도의 와이너리와 브루어리를 방문할 수 있다. 나는 최대한 많은 와이너리를 방문하기 위해 투어 전날 밤부터 버스 루트와 시간표를 꼼꼼히 공부

정류장에 정차한 홉온홉오프 와인 투어 버스

45°00'43.7"S 168°54'54.8"E

하며 투어 스케줄을 전략적으로 짰다. 그리고 술 마시기에는 이른 다음 날 아침, 놀이공원 자유 이용권처럼 생긴 투어버스 탑승 팔찌를 받아 들고 마침내 버스에 올라탔다.

여전히 뜨겁던 2월의 뉴질랜드 태양 아래, 나는 깁스턴 밸리의 첫 와이너리에 도착했다. 깎아지른 민둥산을 배경으로 웅장하게 서 있는 무채색 벽돌창고가 인상적인 아미스필드Amisfield 와이너리였다. 공간이 넓진 않지만 레스토랑과 셀라 도어가 직관적으로 구분되어 있어 헤멜 필요 없이 바로 셀라 도어 바에서 시음을 시작할 수 있었다. 직원과 짧지만 다양한 대화를 나누었고, 작은 북바를 운영하며 메뉴를 찾으러 왔다고 하니, 추가로 새로운 와인 시음까지 하게 해 주었다. 그 덕에 첫 와이너리에서부터 체내 알코올 지수가 급격히 올라가 눈꺼풀 근육이 나른해지기 시작했다. 심지어 셀라 도어를 빠져나오며 정신 차려보니, 어느샌가 내 손에는 *리슬링Riesling 한

* 화이트 와인용으로 재배되는 포도 품종

병이 들려 있었다. 체력은 물론 정신력까지 안배를 잘해야겠다는 생각이 들었다. 다음 스케줄의 버스가 오기까지 생각보다 시간이 남아 도보로 이동 가능한 다른 와이너리에도 가보려 시속 100km로 달리는 차들이 쌩쌩 지나는 도로 위를 개구리 건너기 하듯 건너다녔다. 하지만 예상치 못하게도, 그 와이너리는 너무 높은 언덕 위에 위치해 있었다. 하는 수 없이 방문을 포기하고는 근처 호숫가에 잠시 앉아 배를 한 입 베어 물며 조금이나마 취기를 가라앉힌 뒤 시간 맞춰 온 버스에 탑승했다.

다음 와이너리에서는 셀라 도어가 아닌 레스토랑 야외석에 앉아 치즈 플래터와 주력 와인들을 시음하고, 그다음 와이너리에서는 널찍한 바에 걸터앉아 문제지와도 같던 와인 설명서들을 찬찬히 읽으며 과외 공부하듯 시음했다. 또 다른 와이너리에서는 그림 같은 풍광이 펼쳐진 테이블에 앉아 코스 요리처럼 서빙되는 와인들을 이미 한껏 붉어진 얼굴로 맞이하기도 했다.

뜨거운 태양 아래 더위
때문인지 취기 때문인지
모를 이유로 휘청대긴 했지만, 그럼에도 매니악하지
않으면서 맛과 기분 모두 좋아지는 와인을 찾아 귀
국하겠다는 사명감에 최대한 다양한 와인들을 경험

하려 노력했다. 계획한 모든 스케줄을 소화한 뒤 막차를 타고 종착지인 퀸즈타운으로 돌아왔다. 오르는 취기와 달리 눈꺼풀은 아래로 추욱 늘어진 상태로.

    여러 종류의 와인을 연거푸 마신 탓도 있었지만, 내 눈꺼풀을 더 무겁게 짓누른 것은 다름 아닌 버스에 점진적으로 쌓여가던 포도향 알코올이었다. 첫 번째 와이너리로 이동할 때까지는 나지 않던 그 향이, 다음 버스, 그다음 버스를 탈수록 은은하게 채워지기 시작했다. 여러 와이너리의 각기 다른 와인 향을 입안에 머금은 승객들에게서 미세하게나마 내뿜어져 맴도는 와인 향. 어쩌면 시음할 때보다 날 더 취하게 만드는 것만 같았다. 동시에 차 안에서 마주치는 사람들의 얼굴빛도 나처럼 한층 나른한 붉은빛으로 변해가는 모습이 귀여워 코웃음이 나기도 했다. 이런 풍경들은 이 알코올 가득한 버스 투어에서만 즐길 수 있는 가장 흥미로운 순간이 아니었을까 싶다.

Hop-on Hop-off Wine Tours

홉온홉오프 와인 투어 버스 안에서 바라본 바깥 풍경

New Zealand

Wine & Food Festival

와인 & 푸드 페스티벌

(페스티벌)

지역 ㅣ 뉴질랜드 말보로
기간 ㅣ 매년 2월 2번째 주 토요일

41°30'20.1"S 173°49'35.6"E

'그'의 흥이 깨지지 않을 여름날의 축제

'나를 위해 모여준 건가?'

이 마을에 머무르는 딱 하루, 말보로 지역의 모든 와이너리들이 한 장소에 모여주었다. 그 행운에 보답하고자 뜨거운 여름 태양 아래에서 11종의 와인을 마시고는 보기 좋게 취해버린 아침. 태양을 피해 모여든 사람들로 가득한 대형 천막 끝자락에 비어있는 공간을 겨우 찾아 잔디 바닥에 털썩 주저앉았다. 와인잔을 들고 분주하게 오가는 사람들은 여전히 한껏 들떠 신나고 여유로워 보였지만, 나는 이미 전투를 마친 뒤 골골대는 병사의 모습이었다.

나 홀로 뉴질랜드 남섬 캠핑트립을 무사히 마치고 주말에 짬을 낸 현지 친구와 함께 마지막 와인 헌팅 지역으로 향하는 도로 위, 친구로부터 아주 반가운 뉴스를 전해 들었다. 내가 가는 날 마침 그 지역에서 매년 단 하루 열리는 와인 앤 푸드 페스티벌이

열린다는 게 아닌가! 차로 분주하게 각각의 와이너리를 돌아다닐 필요 없이 한 곳에서 여러 와이너리의 와인들을 시음해 보기만 하면 되는 것이었다. 이전까지의 와인 헌팅은 여행사의 투어상품을 이용하거나 홉온홉오프 버스를 타며 이동했다. 하지만 이번에는 친구가 나를 와이너리마다 운반(?)해주어야 해서 미안함이 컸는데, 이 축제 소식은 친구의 수고를 덜어줄 고마운 뉴스였다.

축제 전날, 크라이스트 처치^{Christchurch}에서 북쪽으로 4시간 여를 달려 말보로 지역의 가장 큰 도시이자 와인 생산의 중심지인 블래넘^{Blenheim}에 도착해 와인과 맥주, 그리고 양고기를 곁들여 캠핑 나잇을 보냈다. 이 밤은 나름의 축제 전야제였다. 그리고 다음 날 아침, 이곳에서 경험해야 할 단 하나의 일정인 와인 축제를 위해 블래넘 근교의 작은 동네, 렌윅^{Renwick}으로 향했다.

뉴질랜드 최대의 와인 산지임과 동시에 세계적인 쇼비뇽 블랑^{Sauvignon Blanc} 산지로 유명한 말보로에

41°30'20.1"S 173°49'35.6"E

서 열리는 이 페스티벌은 1985년에 시작된, 뉴질랜드에서 가장 오래된 와인 축제다. 1년에 단 하루 열리는 축제여서인지 이 작은 마을로 입장객들을 실어 나르는 셔틀버스가 분주하게 오가고 있었고, 입장 시작과 동시에 너른 들판 위로 시음잔을 든 사람들이 자연스레 뒤섞이며 움직였다.

나 역시 입장 및 결제용 팔찌(나에게는 결의를 다지는 암렛과도 같았다.)와 시음을 위한 유리잔을 건네받고는 아침 10시부터 와인 향이 뒤섞인 뜨거운 여름날의 들판 위를 쏘다니며 세계적으로 유명하고, 이 지역 최고라 여겨지는 알코올들로 내 안을 차곡차곡 적셔갔다.

잔에는 시음을 위한 용량(40ml, Taste)과 와인을 온전히 즐기기 위한 용량(120ml, Glass)을 표시하는 선이 그어져 있어 원하는 용량을 선택해 주문할 수 있었다. 나는 손님들과 공유할 만한 맛있는 와인을 찾는 것이 목표였기에, 40ml의 알코올을 채워 목구멍으로 비워내는 과정을 반복 또 반복하며 최대

한 다양한 품종으로 공격적인 시음을 해나갔다. 뜨거운 여름날 여러 종류의 와인을 단시간에 들이켜서였을까, 머리를 복잡하게 굴려가며 마셨던 탓이었을까. 마셨던 모든 와인을 모두 합쳐도 겨우 한 병 남짓한 양이었음에도 불과 두 시간 만에 얼큰하게 취해 몸과 눈의 힘이 풀려버렸다. 마침내 계획한 와이너리들의 시음을 모두 마친 뒤, 알코올 냄새를 풍겨대는 사람들로 가득 찬 천막 아래에 빈 잔디 바닥을 겨우 찾아 주저앉고는 입 안에 남은 알코올을 호흡으로 천천히 헹구어내는 시간을 가졌다.

  나 혼자만의 전투를 마친 뒤 지친 병사의 모습으로 축제의 장을 바라보았다. 작고 귀여운 시음잔을 손에 들고 규칙 없이 이동하는 사람들의 표정과 걸음걸이 속에는 들뜸과 즐거움이 가득 묻어있었다.

41°30'20.1"S 173°49'35.6"E

Wine & Food Festival

문득, 그리스 신화 속 디오니소스가 이 축제를 주관했다면 얼마나 만족스러워했을까 싶은 생각이 들어 나도 모르게 웃음이 났다. 핸드폰과 카메라까지 뜨거운 태양빛에 지쳐 꺼질 때 즈음, 향긋한 포도내음 속에 파묻혀 잔을 든 사람들의 즐거움을 관람하는 것으로 말보로 지역 와인 축제를 기분 좋은 알딸딸함과 함께 마무리했다.

에필로그

여행을 마치며
As Our Travels End

여기까지 동행해 주어 고맙다.

이 여행기를 통해 당신만의 알코올 트래블을, 단 한 나라에서의 한 잔 술이라도 떠올려 취기 어린 기분을 느꼈기를 바란다.

    이 여행기가 세상에 나오기까지는 수많은 우연이 겹쳤다. 연고도 없는 제주에 내려와 북바를 운영하게 된 나는 어느 여름, 책 속 맥주 시음과 숙박을 함께할 수 있는 알코올 플레져의 〈캔맥주책〉 북토크가 제주에서 열린다는 소식을 SNS 알고리즘을 통해 알게 되었다. 그 행사가 내가 일주일 중 유일하게 쉬는 정기 휴무일에 진행된다기에 주저 없이 신청할 수 있었고, 그날의 연이 닿아 책방 주인 자격으로

〈캔맥주책〉 입고를 위해 제주의 어느 카페에서 다시 만나 이야기를 나누던 중 출간 제의를 받게 되었고, 그것이 이 책의 시작이 되었다. 만약 내가 제주에 내려와 책방을 열지 않았더라면, 북토크가 제주가 아닌 서울에서 열렸더라면, 혹은 이 행사 소식이 내 SNS 알고리즘에 걸리지 않았더라면, 북토크가 참여할 수 없는 주말에 열렸더라면, 내가 세계일주 스토리가 담긴 책방을 운영하지 않았더라면 내 이야기는, 이 기록들은 나 혼자만의 추억으로 외장하드 속에 영영 묻혀 있었을 것이다. 이 수많은 우연을 지나 나의 오래된 이야기에 관심을 기울여 주고, 내 이야기가 한 권의 책으로 엮여질 수 있을까- 하는 의구심을 차분하게 잠재워주며 차근차근 첫 출간의 길을 함께 걸어준 소중한 인연, 〈알코올 플레져〉의 송영웅 대표님과 박수진 작가님께 깊은 감사의 마음을 전한다.

그리고 이 여행기 속 장면의 바로 바깥에서 함께 술잔을 부딪혀주고, 흐릿해진 여행의 기억을 추억의 힘으로 선명하게 소생시켜 준 알코올 트래블의 실제 동행들에게도 감사의 마음을 전하고 싶다. 여행이 기록이 되기까지 거쳐 온 오랜 시간 동안, 그들은 여전히 내 삶의 흥겨운 짠(Cheers!) 메이트로 남아 있다. 앞으로도 수없이 술잔을 부딪히며 수백 번을 되돌려도 질리지 않을 추억 팔이와 아무 말 대잔치를 이어가자.

언제나 남의 이야기만 쓰여 있던 빳빳한 종이 위에, 이제는 나의 여행기가 활자로 새겨져 있다는 사실이 참 낯설고 묘하다. 화면 속 쉼 없이 깜빡이던 커서를 마주하며 백 스페이스를 수 없이 눌렀던 지난날들이 주마등처럼 스친다. '이 글이 정말 끝맺음 지어질 수 있을까?' 하는 의구심이 늘 따라다녔지만, 결국, 또, 하고 싶은 일 중 하나를 끝까지 해냈다. 이 뿌듯함과 쾌감은 문장으로 다 담을 수 없을 듯하다.

한편으로는 아쉬움도 남는다. 음주 경력이 이제 막 쌓이기 시작하던 20대의 여행이었기에, 주종의 스펙트럼이 충분히 넓지 못했다는 점이 개인적으로 매우 아쉽다. 그래서 다음을 기약한다. 다음에는 보다 넓은 세상과 다양한 술의 세계를 담아내 〈알코올 트래블러 2〉로 돌아오고 싶다. 그것이 가능하려면 당신의 동행이 필요하다. 독자의 존재가 곧 다음 이야기를 시작하게 만드는 힘이니까.

한 권의 책이 완성되기까지 얼마나 많은 손길과 수고가 필요한지, 그 사실을 체감하게 된 것도 이번 경험의 큰 수확이었다. 글을 쓰고 고치는 일뿐 아니라, 편집과 교정, 인쇄를 포함한 다양한 작업들이 차곡차곡 쌓여야 비로소 한 권의 책이 완성된다. 이 과정을 처음으로 가까이서 지켜본 바, 출판의 과정을 이루는 모든 이들에게 존경과 박수를 보내고 싶다. 나의 '다음 하고 싶은 일 리스트'에도 '출판' 항목이 존재하고 있다. 그 무게와 복잡함을 알게 된 만큼 중압감은 커졌지만, 언제나 오랜 시간이 걸려도 원하는 일은 끝내 해내온 것처럼, '결국 또 해내지 않을까-' 하고 일단 나 자신을 믿어본다.

여행은 언제나 누군가와 함께할 때 더 오래 기

억된다. 삶의 여정에서 잠시 숨 고를 시간이 필요할 때, 마음을 느긋하게 해줄 한 잔의 술과 함께 이 책을 다시 한번 펼쳐라. 당신의 시간을 더욱 짙은 기억으로 남겨줄 책 속의 알코올 트래블러가 언제나 같은 자리에서, 당신을 기다리고 있다.

Alcohol Traveler

Alcohol Traveler

1판 1쇄 펴냄 2025년 10월 17일

글/사진 류리비

기획/편집/디자인 송영웅

그림 일러스트레이터 휴

펴낸곳 알코올 플레져

출판등록 제 2024-000010호 (2024년 8월 8일)

홈페이지 www.alcoholpleasure.com

인스타그램 @alcohol_pleasure

문의 Alcoholpleasure2024@gmail.com

ISBN 979-11-990150-3-6(03810)

* 저자와의 협의로 인지는 붙이지 않습니다.

* 이 책은 저작권법에 따라 보호받는 저작물이므로 무단 전재와 복제를
  금하며, 이 책의 내용을 전부 또는 일부를 이용하려면 반드시 저작권자와
  알코올 플레져의 서면 동의를 받아야 합니다.

* 유통 중에 파손된 책은 구입하신 서점에서 바꾸어 드리며,
  책값은 뒤표지에 있습니다.